Ein Lehrer packt aus!

Günther Wolf

Ein Lehrer packt aus!

Aus der Schule geplaudert
in satirischen Versen

Bibliografische Information der Deutschen Nationalbibliothek:
Die Deutsche Nationalbibliothek verzeichnet diese Publikation
in der Deutschen Nationalbibliografie; detaillierte bibliografische
Daten sind im Internet über http://dnb.d-nb.de abrufbar.

Satz, Umschlaggestaltung, Herstellung und Verlag:
Books on Demand GmbH, Norderstedt

ISBN: 978-3-8448-5351-3

*Für die tatkräftige Unterstützung
beim Entstehen dieses Buches
im IT-Bereich gilt mein besonderer Dank*

Herrn Heinz Kroha

Inhaltsverzeichnis

DER NESTBESCHMUTZER

Ein Lehrer, ziemlich ungeniert,
hat Lehrertypen karikiert,
jeweils gereimt, man denke sich,
im Schülerblättchen, öffentlich.
Kaum dass des Lehrers Ulk erschienen,
begegnet er schon finst'ren Mienen,
da jeder gleich – das alte Lied! –
dies oder das auf sich bezieht.
Kollegin A, sensibel, weint.
B, drohend, fragt, wie es gemeint.
Der C ihm ew'ge Rache schwört.
Der Lehrer „Der hat's nötig!" hört
sowie: „Dies geht an unsre Ehre!".

Der Autor zieht daraus die Lehre:
Er wäre unbeschimpft geblieben,
hätt' er nur nicht so übertrieben.
In diesen Zerrbildern voll Schrecken
musst' jeder ja sich selbst entdecken.

OPFER SEINER HAST

Ein Lehrer, der am Herzen leidet,
gemächlich stets zur Schule schreitet,
stirbt auf dem Heimweg auf der Stell'
als er wieder mal zu schnell.

DER SKRUPEL-PETER

Ein Lehrer mit sich selber ringt
und über seinen Schatten springt.
Wenn auch kein Geist sonst der Verneinung,
sagt er dem Chef dies' Mal die Meinung,
wird los manch aufgestaute Wut
und denkt, wie wohl das doch mal tut.

Doch statt darüber sich zu freuen,
beginnt er gleich, es zu bereuen.
„Ach hätt' ich", quält er sich bei Nacht,
„doch meine Ansicht nur gedacht,
da Reden Silber, Schweigen Gold."
Ob der Direktor ihm nun grollt?
Er wird erst ruhiger, als ihm klar,
dass der derselben Meinung war.

NOTWEHR

Ein Lehrer, lang schon in der Fron,
leicht dement, vertrottelt schon,
gibt faul sich nun, damit die Welt
nicht seinen Grips in Frage stellt.

ZWEIERLEI MASS

Ein Lehrer hört, die Obrigkeit
verlängere die Arbeitszeit,
und zwar pro Woche um zwei Stunden.
Die Sache will ihm gar nicht munden.

Er leistet Widerstand dagegen,
das heißt, er zieht mit den Kollegen
laut protestierend durch die Lande.
Nennt Schüler aber faule Bande.

DER FILOU

Ein Lehrer, den der Chef, der strenge,
fragt, weshalb er durch die Gänge
so langsam hin zur Klasse schreite,
erklärt, dass er sich vorbereite.
„Erst jetzt?", rügt man. „So treibt's nicht jeder!" –
„Wieso? Ich hab doch noch zehn Meter!"

DER KONFLIKTSCHEUE

Ein Lehrer baut mit mildem Ton
bei Eltern Zweifel ab am Sohn.
„Er könnte", spricht er, „wenn er wollte."
Was eigentlich er sagen sollte,
weil es der Wahrheit mehr entspricht:
Er wolle, doch er könne nicht,
da niedrig sein IQ sich zeige.
Der Lehrer ist dazu zu feige.

VISION

Ein Lehrer hört an Schulsprechtagen
„Er tut halt nichts" die Eltern klagen.
Es rauche, trinke, trotz Gefahren,
der Sohn bereits mit fünfzehn Jahren.
Im Kopfe nur Computerspiele.

Der Lehrer weiß, davon gibt's viele,
und sieht die Elterngeneration
marschieren auf der Straße schon,
zum Kampfe rufend voller Wut,
beschimpfend ihre eigene Brut.

FAZIT

Ein Lehrer weiß, hinauf, nach oben
wird ihn sein Chef wohl niemals loben.
Befördert wird er mit Applaus
nur in den Ruhestand hinaus.

FALSCHE ADRESSE

Ein Lehrer, der ob guter Führung
gewürdigt wird, denkt sich voll Rührung:
„hätt's meine Frau auch mitbekommen!"
Die stöhnt: „Mensch, dass ich dich genommen!"

MENSCHLICH

Ein Lehrer, ach, wie rührt das jeden,
hört unter Tränen Abschiedsreden.
Jedoch, der Wahrheit zu genügen,
er weint sie nach vollen Bezügen.

AUSGEBRANNT

Ein Lehrer, der es gut gemeint,
hätt', Abschied nehmend, gern geweint.
Jedoch sein Auge, es blieb leer,
er hatte keine Tränen mehr.

GROSSE URSACHE – KLEINE WIRKUNG

Der Lehrstudent paukt für's Examen,
vertiefend sich in hehre Dramen
von Lessing, Schiller, Goethe, Kleist –
wie immer auch der Dichter heißt.
Liest Prosa, schlichte und burleske,
dringt mutig ein ins Kafkaeske,
interpretiert auch Poesie,
analysiert so manch' Genie.
Gibt interessiert auch und beflissen
in langen Nächten seinem Wissen
auf dem Gebiet der Sprachgeschichte
Höhe, Breite, Tiefe, Dichte,
kann fließend Althochdeutsch bald reden,
auswendig „Atta unsar" beten.

So ausgerüstet, fängt er dann
sein Tagwerk in der Schule an.
Jedoch beim allerersten Regen
schlägt ihm auch schon Protest entgegen:
„Bloß nicht die ollen Heldenlieder!
Dichter-Texte – nicht schon wieder!
Nur Gequassel, sonst nichts drin.
Action-Movies sind heut in."

Der Lehrer denkt bei sich: „Nanu?
Du hast studiert. – Wofür? Wozu?"
Er merkt: Bei diesen Fernseh-Fratzen
schießt mit Kanonen du auf Spatzen.
Er findet dies zwar sehr betrüblich,

doch gibt, weil's nötig ist und üblich,
sein Wissen, angehäuft in Jahren,
nun weiter im Discount-Verfahren,
vereinfacht, dass man's kaum noch kennt,
was schließlich man Didaktik nennt.
Dafür, dies sei hier angefügt,
hätt' auch sein Abitur genügt.

DER ZURECHTGESTUTZTE

Ein Lehrer, von der Uni frisch,
sitzt nun bei Vater Staat am Tisch.
Herabgestiegen von den Sternen,
muss er jetzt Rechtschreibregeln lernen.
Soll für die Brötchen doch in Ehren
er Schüler etwas Rechtes lehren.
Wohin ihn auch der Dienst mag treiben –
er muss stets auf dem Boden bleiben.

DER INFIZIERTE

Ein Lehrer wettert, weil die Plagen
sich seinem Lehrstoff so versagen,
dass dieser, merkt er konsterniert,
ihn selbst bald nicht mehr interessiert.

AUFSTIEG

Ein Lehrer, kaum dass er es ist,
ein frisch geback'ner Pensionist,
entbunden künftig von der Fron
der Wissenssimplifikation,
will, hält man es auch für Allüren,
endlich ein geistig' Leben führen.

DER ERNÜCHTERTE

Ein Lehrer, jung, voll edlem Streben,
freut sich aufs Pädagogenleben,
glaubt, dass die Arbeit angenehm,
mit Herz getan, gar kein Problem.
Doch bald gilt es, in stetem Kämpfen
den Schülerfrust halbwegs zu dämpfen,
sowie in täglich neuem Ringen
den Lehrstoff an den Mann zu bringen.
Erziehliches bleibt auf der Strecke,
er geht fast nur noch an die Decke.
Bald ist sein Nervenkleid zerknittert,
er stressgezeichnet und verbittert,
demotiviert bei seinem Tun,
seelisch Invalide nun.
Der Lehrer, dessen Weg so steinig,
ist sich mit Leidensbrüdern einig:
Das, was man für Besoldung hält,
ist eigentlich ein Schmerzensgeld.

ZEITENWENDE

Ein Lehrer mahnt den Schüler Hase,
dass man nicht bohre in der Nase,
erläutert einfühlsam der Klasse,
dass Rülpsen sich nun mal nicht passe,
und es verschlage ihm die Puste,
wenn andern ins Gesicht man huste.

Das Bildungsziel, so wird ihm klar,
ist nicht mehr das, was es mal war.
Des Abendlandes Geistesgüter
erwärmen kaum mehr die Gemüter.
Bald gelte schon als mittlere Reife,
wenn einer sich 'nen Wind verkneife.

NACHSCHUB

Ein Lehrer, dreiundsechzig Lenze,
will Dienst tun bis zur Altersgrenze.
Pflegt so die Regel zu verletzen,
sich nunmehr schleunigst abzusetzen.
Man raunt: „Was will denn der hier noch?
Er altert, Mensch, das sieht man doch!
Man kann ihm dreimal etwas sagen,
er wird ein viertes Mal noch fragen,
weil er's im Handumdreh'n vergisst.
Wie schlecht auch sein Gehör schon ist.
Und dann die Schüler, meine Güte,
sind sie des Alten nicht längst müde?"

Doch als er sich dann fortgemacht,
geschieht, woran man nie gedacht.
Sein Abgang, obgleich überfällig,
gibt Ärger, wenn auch unterschwellig,
bei den schon reiferen Gestalten.
Nun sind auf einmal sie die Alten.

NACHWUCHS

Ein Lehrer, fünfundsechzig, doch
im Allgemeinen rüstig noch,
freut sich, weil er nach langer Frist
nun selber wieder Nachwuchs ist,
und zwar im Pensionistenkreise.
Er schätzt die neue Lebensweise,
ist er doch lieber, gut erhalten,
statt alt bei Jungen jung bei Alten.

DER KULTIVIERTE

Ein Lehrer, noch vom alten Schlag,
tritt jeden Morgen, Tag für Tag,
mit frischem Gruß ins Klassenzimmer.
Auch auf den Gängen grüßt er immer,
vor allem jüngere Kollegen,
die selber kaum noch zu bewegen,
zuvorkommend mit „Guten Morgen"
für etwas Höflichkeit zu sorgen.
Der Lehrer grüßt, er ist halt so,
selbst Schüler freundlich mit „Hallo!",
die wartend ins Gesicht ihm starren,
und macht sich dabei selbst zum Narren.

Damit hat schließlich es ein Ende,
der Lehrer geht nämlich in Rente.
Liegt keinem Muffel mehr zu Füßen.
Von nun an können sie ihn – grüßen.

SELBSTERHALTUNGSTRIEB

Ein Lehrer prüft, wobei als Zeugen
zwei weit're Prüfer ihn beäugen,
doch muss er seine Schüler sehen,
wie diese förmlich unter Wehen
erfragten Lehrstoff von sich geben.

Um kein Fiasko zu erleben,
hilft er halt nach, wie's bei ihm Sitte,
macht gleichsam geist'ge Kaiserschnitte.
Erbringen diese keinen Fund,
dann lächelt er: „Hier fehlt der Grund",
und schiebt die Schuld in aller Ruhe
dem Lehrer vor ihm in die Schuhe.

DER SOLIDARISCHE

Ein Lehrer lässt bei dem Verhalten
von Klassenkaspern Nachsicht walten,
da er, wenn auch nur halb so wild,
als Kasper im Kollegium gilt.
Wie schmunzelt man doch, geht er munter
im Meer der Regelungen unter.
Nicht minder führt zu heit'ren Mienen
sein steter Wettlauf mit Terminen.
Heizt ihm der Chef mal wieder ein,
lacht alles still in sich hinein.
Und hinter vorgehalt'ner Hand
wird schon bezweifelt sein Verstand.
Doch hat das Ganze seine Tücken:
Kehrt er dem Zirkus mal den Rücken,
wird die Programmgestaltung schwer:
Nur Clowns noch und kein August mehr.

DER BEFREITE

Ein Lehrer, kaum im Ruhestand,
ist förmlich außer Rand und Band.
So wagt er nun beim Gang durchs Städtchen
sich umzudreh'n nach hübschen Mädchen,
schon morgens im Café zu sitzen,
die Damen zu schockieren mit Witzen,
sich über'n Durst am Wein zu laben,
'ne junge Freundin noch zu haben.
Ist er erlöst doch von der Pein,
Von Beruf Vorbild zu sein.

DEUTSCHSTUNDE

Ein Lehrer bringt als Geistesblitze
im Fache Deutsch diverse Witze.
Und dass die Schüler, froh vereint,
herausbekommen, was gemeint,
erkennt er, ohne was zu machen,
schon an dem Umstand, dass sie lachen.
Der Lehrer weiß, es pflegt fürs Leben,
oft Tünnes mehr als Tell zu geben,
und kritzelt, ohne dass er hext,
ins Klassenbuch: „Arbeit am Text!"

FEHLSCHÜSSE

Ein Lehrer lehret mit Bedacht,
wie man es einst ihm beigebracht.
Hält einen Vortrag, kurz gefasst,
schichtenspezifisch angepasst,
wirft Dia-Bilder an die Wand,
bringt für das Ohr etwas vom Band,
verhindert auch Gedanken, schräge,
durch mundgerechte Hefteinträge,
wobei methodisch es sich fügt,
dass jedem Lerntyp er genügt.
Anschließend geht er in die Vollen
mit Lernziel prüfenden Kontrollen,
gespannt, was von des Stoffes Masse
den Eingang fand bei seiner Klasse.
Obwohl didaktisch sie umzingelt,
vernimmt er nur: „Es hat geklingelt!"

Des Pudels Kern I

Ein Lehrer, ein betagter Knabe,
liegt, eh' er sich versieht, im Grabe,
dem Dienste, wie Kollegen wissen,
auf jeden Fall zu früh entrissen.

Warum auch musste er erkalten,
wo Schulaufgaben noch zu halten,
musst' er entsagen diesem Leben,
wo solche noch herauszugeben?
Insofern hinterlässt er Frust,
ist er tatsächlich ein Verlust.

Missverständnis

Ein Lehrer fragt den Schüler Lenz:
„Was ist soziale Kompetenz?"
„Das ist", sagt dieser, „im Vertrauen,
wenn Starke Schwächere verhauen."

Wunschkatalog

Ein Lehrer, als der Schule Leiter,
wünscht sich versierte Mitarbeiter.
Diese wünschen sich hingegen
aufgeschlossene Kollegen.
Die Schüler wünschen unterm Strich
als Lehrpersonen Menschen sich.

SCHRECKEN IN DER NACHT

Ein Lehrer sieht sich, albgedrückt,
in die Vergangenheit entrückt,
träumt sich noch mal als Ref'rendar
vor Schülern und 'nem Prüferpaar,
und legt 'ne Probestunde hin,
die völlig in der Herren Sinn.
Zu sehen, wo der Stoff geblieben,
wird eine Kurzarbeit geschrieben,
und er – ihn schreckt es fast zu Tode –
bekommt der Klasse Durchschnittsnote.
Erwacht, im Kopfe wieder klar,
dankt Gott er, dass es nicht so war.

CHAOTEN-PENNE

Ein Lehrer, der neu eingetroffen
an einer Schule, pflegt zu hoffen,
es möge baldigst ihm gelingen,
Ruh' und Frieden reinzubringen
in die wilde Schülerschar.
Doch diese werden kaum gewahr,
dass er erfüllt von dem Bestreben,
ein gutes Beispiel abzugeben,
verständnisvoll zu sein und gut,
stets hilfsbereit und frohgemut.
Für sie ein albernes Getue.
Sie wollen eins nur: ihre Ruhe.
Hier wär', sagt einem der Verstand,
gefordert eine starke Hand.
Doch eh' der Lehrer dies entdeckt,
ein Faustschlag ihn schon niederstreckt.

WUNDER

Ein Lehrer, der, wie es geboten,
lehrt nach den neuesten Methoden,
das heißt Motivation verbreiten,
zum Lernziel interaktiv schreiten.
Der einst als Schüler straffe Hand
und pauken, üben nur gekannt,
versteht bis heute eines nicht:
Wie konnt' bei jenem Unterricht,
dem so frontalen, so verkehrten,
er Oberstudienrat nur werden?

ZWEIERLEI MASS

Ein Lehrer, Gutmensch von Format,
ruft Schüler auf zu edler Tat.
So sollen diese sich der Armen
in der Dritten Welt erbarmen,
Kleider sammeln, alte Brillen
sowie Geld für Brot und Pillen.
Soll'n kaufen, um die Welt zu ändern,
die Waren von Entwicklungsländern.

Dem Lehrer pädagogisch glückt,
dass seine Schüler, tief bedrückt
von der Menschheit Leid und Wehen –
im Bus die Alten lässt man stehen.

SCHAUMSCHLÄGER

Ein Lehrer hört vom Herrn Minister –
ernannt fürs Bildungswesen ist er –,
dass man nicht mehr frontal doziert,
der Schüler heute selbst agiert,
projektbezogen, konstruktiv,
selbstbestimmt und kreativ,
sowie, entsprechend der Tendenz,
mit viel sozialer Kompetenz.

Der Lehrer möchte dem Gesellen
gar zu gern die Frage stellen,
was er denn meint, wenn er so spricht.
Doch, denkt er, frag' ihn lieber nicht,
war er bis vor Kurzem doch
Landwirtschaftsminister noch.

TEMPORA MUTANTUR

Ein Lehrer hält sich für 'nen Mann,
der gut mit Schülern umgeh'n kann.
Doch merkt er nach und nach mit Bangen:
Mit ihm wird böse umgegangen.
Doch statt den Typen einzuheizen,
hütet er sich, sie zu reizen.
Denn anders gehen heut die Uhren:
Heut sind die Lehrer es, die spuren.

BUMERANG

Ein Lehrer, der im Unterricht
gar oft von guten Sitten spricht,
kann angesichts der Schüler Tücken
mal einen Fluch nicht unterdrücken.

Da rückt man ihm auch schon zu Leibe,
wo denn das gute Beispiel bleibe.
Was ihnen er hat eingeschärft,
damit wird er nun selbst genervt.

Zu guter Letzt

Ein Lehrer, den zu guter Letzt
man in den Ruhestand versetzt,
denkt angstvoll an die Zeit zu Hause,
ihm reichte schon die große Pause.
War ihm die Schule doch die Schwelle
zur Menschheit, da er Junggeselle.
Hier wärmte er sich Herz und Hintern,
konnt' er seelisch überwintern.

Sie war ihm Bratkartoffel-Liebe,
doch auch Ventil für höhere Triebe,
mit einem Wort: sein Lebensraum,
'nen artgemäßeren gibt es kaum.
Der Lehrer, der einst als Kollege
manch andrem auf dem letzten Wege
andächtig das Geleit gegeben,
geht selbst nun – doch muss weiterleben.

Nach Pisa

Ein Lehrer hört, recht aufgebracht,
wie guten Unterricht man macht.
Die Schüler kommen ihm mit Rat,
die Eltern drängen ihn zur Tat.
Funktionäre und Minister
ziehen sämtliche Register.
Auch greift, wie könnt' es anders sein,
die Frau Schwiegermutter ein.

„Reform! Reform!", sie alle schreien,
die – was das Lehren angeht – Laien,
wie beispielsweise, traumverloren,
die Pädagogik-Professoren.
Der Lehrer denkt sich: „Job, verdammter!
Wär' ich doch nur Finanzbeamter.
Dann blieben mir erspart die Plagen.
Wer traut sich schon, dem was zu sagen."

SCHULLEITER-FREUDEN

Ein Lehrer säumt nicht, er denkt weiter
und wird an einer Schule Leiter.
Vom Auge eines Chefs befreit,
macht er am Schreibtisch sich nun breit
und freut sich, mehr von Mal zu Mal,
der reduzierten Stundenzahl.
Vor allem aber stimmt ihn froh
sein Zuflucht spendendes Büro.
Hier enden alle seine Wege,
entspannt er von der Image-Pflege,
ruht er sich aus vom Delegieren,
kann manchen Frust er auskurieren,
die Zeitung lesen, traumverloren
auch schon mal in der Nase bohren.
Umgeben – ach, er atmet tief –
von Kaffeeduft statt Schulhausmief.
Hierher, setzt er daheim die Segel,
kann er auch flieh'n vor Kind und Kegel,
im Stillen denkend: Habt mich gern!
Das Ministerium, es ist fern,
der Konrektor jedoch zur Hand.
Wie schön bist du, Vorruhestand!

PHARISÄER

Ein Lehrer tritt vors Mikrofon
und tönt, Atomkraft sei ein Hohn.
Erklärt, die Technik sei ein Fluch,
zu Recht für Grün ein rotes Tuch.
Legt dar: „Alternativ geht's nur."
Ruft auf: „Zurück zu der Natur!"
Und schimpft am lautesten von allen,
als die Verstärker ausgefallen.

NATURBEDINGT

Ein Lehrer, welchem oft die Herren
Schüler an den Nerven zerren,
dem täglich sie im Handumdrehen
mit Streichen an die Nieren gehen,
kommt immer wieder freundlich an
und hilft den Burschen, wo er kann.

Ein Wesen wohl mit höheren Weihen?
Ein Vorbild etwa im Verzeihen? –
Vergesslichkeit erklärt die Sache.
Verkalkt fragt er sich: „Wofür Rache?"

ALTE WEISHEIT

Ein Lehrer kennt sie ja, die Klagen,
weiß, was der Schüler Eltern sagen:
dass Arbeit öde Schufterei,
nicht eine heute stressfrei sei.
Nur jeder Fünfte, ward ermittelt,
sein Tätigkeitsfeld nicht bekrittelt.

Der Lehrer, unter Pisa-Schock,
sieht Deutschlands Schüler mit null Bock.
So stellt der Pädagoge fest,
es ergäbe heut ein Test:
Wie von den Alten wird gesungen,
so zwitschern eben auch die Jungen.

DER RÜCKVERSICHERER

Ein Lehrer spendet gute Noten
selbst noch, was eigentlich verboten,
den offensichtlich faulsten Tröpfen.
Er liebt's, im Park nachts Luft zu schöpfen.

ENTLARVT

Ein Lehrer prüft 'nen Schüler mündlich.
Doch scheint es ihm bald unergründlich,
dass dieser große Lücken zeigt,
auf viele seiner Fragen schweigt.
Beim Lehrer bricht sich Unmut Bahn:
„Wozu der Stoff, gelehrt nach Plan,
wenn du nun dasitzt, ganz verstört,
als ob du nie davon gehört.
Erzähl' mir nicht, da warst du krank!"
Darauf der Schüler: „Gott sei Dank
war ich das Jahr durch fit wie nie.
Wer oft gefehlt hat, waren Sie."

SACHZWANG

Ein Lehrer träumte frohgemut
als Knabe einst von Geld und Gut,
von großen Taten für die Welt.
Doch weil, wie sich herausgestellt,
er ohne größere Talente,
nahm es mit ihm ein solches Ende.

DER NOSTALGIKER

Ein Lehrer trauert nach den Jahren,
als Schüler noch gefordert waren.
Verlangen heute doch die Dreisten,
die Lehrer sollten mal was leisten.
Er sein Gehirn sich noch verrenken?
Der Lehrer murrt: „Sch... Anspruchsdenken!"

ZWISCHEN SKYLLA UND CHARYBDIS

Ein Lehrer weiß, fast schon verboten
sind manche Klassendurchschnittsnoten.
Ist es 'ne Zwei, wovor er bangt,
heißt es, dass er nicht viel verlangt.
Ist es 'ne Vier, dann wird gekrittelt,
dass er den Lehrstoff schlecht vermittelt.
Wie schön es ist, welch Ruh' er kriegt,
wenn er mit Drei dazwischenliegt,
das weiß nur der, der sie durchlitt:
des Lehrers Angst vorm Notenschnitt.

DER CHOLERIKER

Ein Lehrer, Rektor, Herr im Haus,
rastet häufig lautstark aus.
Hat das Kollegium zwar im Griff,
doch mangelt es ihm selbst an Schliff.

FLUCHT NACH OBEN

Ein Lehrer, förmlich ein Genie
auf dem Gebiet der Theorie,
erfährt an sich nach kurzer Frist,
wie schwer danach zu handeln ist.
Anstatt die Schüler, auch die schlimmen,
didaktisch kunstvoll einzustimmen,
nach Plan das Lernziel zu enthüllen,
muss er vorwiegend „Ruhe!" brüllen.

Der Lehrer, wie gesagt sehr helle,
hat bald eine Dozentenstelle.
Moral: Macht's Lehren Schererei,
bringt man anderen es bei.

DAS VORBILD

Ein Lehrer ist kaum in Pension,
da geht er auch von hinnen schon.
Am Grabe würdigt lang und breit
der Dienstherr seine Pünktlichkeit.

FRAGE

Ein Lehrer einen Schüler fragt:
„Wenn du dem Vater nichts gesagt
von deinen Noten – bitte sehr:
Wo kommt dein blaues Auge her?"

DER PERMISSIVE I

Ein Lehrer nimmt geduldig hin,
wenn bei den Schülern essen in.
Sagt nur, auf Ordnung nicht erpicht:
„Mit vollem Munde spricht man nicht."

UNHEILBAR

Ein Lehrer psychologisch tätlich,
spricht: „Dein Milieu, mein Sohn, ist schädlich."
Der Schüler drauf: „Das glaub' ich nicht.
Ich bin doch kaum im Unterricht."

Schrecken in der Nacht

Ein Lehrer hat ein Traumgesicht:
Er wird geprüft im Unterricht
und demonstriert in voller Fahrt
Didaktik nach der Prüfer Art,
doch kriegt die Note Fünf bis Sechs.

Was ist passiert? Er ist perplex:
Zu zeigen, wo der Stoff geblieben,
ward eine Kurzarbeit geschrieben,
und er bekam nach neu'ster Mode
erteilt der Klasse Durchschnittsnote.

Erwacht merkt er, dass Trug dies war,
und sieht die Dinge wieder klar:
dass nämlich, was der Prüfling macht,
für den Herrn Prüfer nur gedacht.
Wo käm' ein Kandidat denn hin,
hätt' auch die Schüler er im Sinn?

Der Scheinheilige

Ein Lehrer tönt, es sei kein Scherz,
die Schüler nähmen ein sein Herz,
so dass er von sich sagen könne,
dass er mehr Ferien ihnen gönne.
Ein jeder, der nach Luft muss japsen,
denkt: „Nachtigall, ick hör' dir trapsen!"

BILDUNGSREISEN

Ein Lehrer hält es für vernarrt,
dass Schüler man durchs Land heut karrt,
der Zwergschule' schon lang abhold,
sie zu Didaktik-Zentren rollt.
Und fragt sich, wo in diesem Trecke
der höh're Bildungswert denn stecke,
da Schulabgänger Rechnen, Schreiben
immer schlechter heut betreiben.

Der Lehrer sucht deshalb, erbost,
in folgender Betrachtung Trost:
Sind wir auch trotz der Schulbusreisen
nicht Hamsterer von Mathepreisen,
so doch, dies mehr mit jeder Runde,
die Weltmeister in Heimatkunde.

PEINLICH

Ein Lehrer sagt zu einer Mutter:
„Ich schwöre, alles ist in Butter.
Ich gratulier' zu Ihrem Glück,
Ihr Sohn, der ist mein bestes Stück."
Die Frau ist skeptisch, will's nicht glauben.
Er denkt: „Mir so die Zeit zu rauben.
Macht mir den Nerv damit zuschanden."
Der Lehrer hätte sie verstanden,
hätt' er an Meier, Karl gedacht
in Klasse zehn – anstatt in acht.

DER HOCHSTAPLER

Ein Lehrer tönt, sein Fach verleihe
Persönlichkeit, ja höhere Weihe.
Die Schüler hören es geduldig. –
Er selber bleibt den Nachweis schuldig.

DER EITLE

Ein Lehrer sagt sich: Prüfen heißt:
Du fragst nach dem, was du schon weißt.
Drum prüft er streng und zeigt voll List,
wie kenntnisreich er selbst doch ist.

DER UNGERECHTE

Ein Lehrer mahnt: „Seid nicht perplex,
wer abschreibt, kriegt von mir 'ne Sechs."
Verschweigend, während er so zankt,
was solchem Tun er selbst verdankt.

DER ZERSTREUTE

Ein Lehrer schaut sich dann und wann
die Hefte seiner Schüler an.
Fühlt heut sich wieder mal geschafft
vom Hefteintrag, der fehlerhaft.
So korrigiert zu ihrem Frommen
er manchen Ausdruck, der verschwommen.
Auch gilt es jeweils anzustreichen
falsch gesetzte Kommazeichen.
Mit Rotstift, diesem nimmermüden,
markiert im Ausdruck er manch Blüten.
Auch keinen Absatz er erkennt,
der sinnvoll zwei Gedanken trennt.

Der Lehrer – ernst, mal gar nicht heiter –
mahnt: „Kinder, so geht das nicht weiter!"
Die feixen – was ihn irritiert –:
„Wir schrieben so, wie Sie's diktiert."

GEWISSENSBISS

Ein Lehrer lehrt, Moral im Schilde,
dass Gott nach seinem Ebenbilde
den Menschen habe einst erschaffen.
Da tönt es laut: „Nach dem des Affen!"
Der Lehrer drauf, in aller Ruh:
„Nein, seinem Bilde gleichst auch du."
Doch denkt sich, mir verzeiht wohl nie
Gott eine solche Blasphemie.

FRÄNKISCHES

Ein Lehrer, nach der letzten Stunde
inmitten noch der Schülerrunde,
sieht sich der Frage vis-à-vis:
„Kommt denn das Christkind auch zu Sie?" –
Der Lehrer, mit gequälten Mienen,
fährt hoch: „‚Zu Ihnen' heißt's, ‚zu Ihnen'!"
Doch macht den Knaben das nicht stumm:
„Der Unterricht", murrt er, „ist rum.
Wir könne wieder, auf der Stelle,
geredt, Herr Lehrer, wie mer welle!"

DIE TAUBE

Ein Lehrer zeigt im Klassenlärme
stets antiautoritäre Wärme.
Weckt Schüler, die vom Fernseh'n müde',
allein mit progressiver Güte'
und gibt sich auch nicht repressiv,
läuft eine Schularbeit mal schief.
Hört bald, man habe ihn zwar gerne,
doch dass man nicht viel bei ihm lerne.
Die Eltern schimpfen auf die lasche,
schier linke Pädagogenmasche.
Kollegen, junge wie auch greise,
empfehlen ihm: „Gib doch Verweise."
Und selbst die Schüler würd's beglücken,
würd' er mehr auf die Tube drücken.

Der Lehrer kehrt still bei sich ein:
Wie soll er eigentlich nun sein? –
Nie fiel ihm die Entscheidung schwerer:
als Mensch gut oder gut als Lehrer?

RETOUR-KUTSCHE

Ein Lehrer, ungehalten, knurrte,
warum denn selbst nicht Lehrer wurde,
wer seinen Dienst nennt, ohne Stopp,
'nen gut bezahlten Halbtags-Job.

Geplante Metamorphose

Ein Lehrer, der als Chef Tyrann,
kommt im Ruhestande an.
Innerlich auf einmal leer,
muss ins Sanatorium er.
Gilt's doch, ihn zu einem coolen,
netten Menschen umzuschulen.
Das von ihm befreite Team
wünscht – skeptisch – gute Bess'rung ihm.

Komplex

Ein Lehrer murrt, dass „Lehrer" nicht
wie „Studienrat" von Studien spricht.
Ihn tröstet nur, dass in der Tat
der Herrgott auch kein Kirchenrat.

DER FALKE

Ein Lehrer pflegt auf Konferenzen
zu murmeln bissige Sentenzen,
wenn Schüler auf der Kippe stehen.
Lässt Gnade nie vor Recht ergehen.

Da träumt ihm – ihm ist nicht zum Lachen –,
er muss noch mal Examen machen
und hat als Prüfer, riesengroß,
sich selber vor sich, gnadenlos.
Hetzt selbst sich über alle Runden
und hält den Daumen dann nach unten.

Der Lehrer wird vor Schrecken bleich,
erwacht, schwört Besserung ergleich,
sowie, mag's auch die Norm verletzen,
nie Kinder in die Welt zu setzen.
Sie könnten ja in Blütejahren
manch Lehrperson wie ihn erfahren.

DER ÄNGSTLICHE

Ein Lehrer prüft bei jedem Schritte,
ob er politisch in der Mitte:
Rechts hält er sich nur im Verkehr.
Bei Diskussionen schweiget er,
durchsucht das Pult nach Abhörwanzen
und hütet sich, sich fortzupflanzen,
weil es nur allzu leicht passiert,
dass so ein Kind nach links tendiert.

Hält selbst die Bibel für suspekt
und deshalb unterm Bett versteckt,
steht doch darin und macht ihm Bange
der kühne Hinweis, es gelange
durchs Nadelöhr eher ein Kamel
als himmelwärts des Reichen Seel'.
Hier droht, sieht er, von links Gefahr.
Weshalb dem Lehrer völlig klar:
Wär' Christus heute noch auf Erden,
er könnte nie Beamter werden.

Der Kritikaster

Ein Lehrer hat als Grundsatz dies:
Was nicht von ihm kommt, das ist mies.
Ob Schulspiel oder Schülerzeitung,
ob Neuerungen durch die Leitung,
ob Weihnachts- oder Abschlussfeier –
er schlägt stets dieselbe Leier:
dass er das Ganze – jede Wette –
ganz anders, gut, gestaltet hätte.

Dem Lehrer geht nie etwas schief,
wirkt er doch nur im Konjunktiv.
Er gleicht dem Geist, erkennt man leicht,
bei dem's nur zum Verneinen reicht.

Unterbewusstes

Ein Lehrer, an sich ziemlich mild,
kriegt eine Klasse, die sehr wild.
Bei allem störrischen Getue
verliert der Lehrer nie die Ruhe,
bleibt er verständnisvoll und gut,
zeigt er vor ihnen immer Mut.
Nur manchmal pflegt er, leicht beklommen,
Angst vor sich selber zu bekommen.

DER PEDANT

Ein Lehrer pflegt bei seinem Walten
es mit Justitia stets zu halten.
Die Frage nur bewegt sein Leben:
Welch' Vorschrift ist jeweils gegeben,
welch' Absatz führt man hier im Schild
und welcher Unterabsatz gilt?
Erlasse, ehe sie im Haus,
ahnt visionär er weit voraus,
erklärt, rechthaberisch vergnügt,
den andern, was man jüngst verfügt,
und träumt noch nachts, kaum eingeschlafen,
von den geliebten Paragrafen.

Der Lehrer dauert die Kollegen,
denn wo sie bunte Träume hegen,
Ideen, einen Schatz von Witzen,
hat er die Schulordnung nur sitzen.

Des Pudels Kern II

Ein Lehrer stellt verwundert fest,
dass ihn ein Lehrer reden lässt.
Kann man doch meist, denkt er beklommen,
bei solchen nicht zu Worte kommen.

Der Lehrer fragt sich, ob bei Knigge
der andre nachlas, was sich schicke.
I wo! Der schweigt, merkt er verstört,
weil weder her- noch hin- er hört.

Der Vorsichtige

Ein Lehrer mit dem frommen Ziel,
sich zu entspannen, sitzt beim Spiel.
Doch weil sein Partner ständig patzt,
dem Lehrer bald der Kragen platzt,
und er behauptet, dass der Knabe
vom Skatspiel keine Ahnung habe.
Was diesen wiederum empört:
„Welch' Unterstellung, unerhört!
Und lassen Sie nicht ab davon,
dann sag' ich das mal meinem Sohn,
den Sie als Schüler ja erleben!"
Der Lehrer hat klein beigegeben.

DAS VENTIL

Ein Lehrer weint oft nachts ins Linnen,
denkt er an Frau und Schülerinnen:
Mal geben sie sich wie Hyänen,
mal sind sie aufgelöst in Tränen,
mal depressiv und mal enthemmt.
Und er dazwischen eingeklemmt –
ein Opfer, ist er sich im Klaren,
von Pubertät und Wechseljahren.

DER HERVORRAGENDE

Ein Lehrer gibt sich sehr beflissen,
um gut beurteilt sich zu wissen.
Er folgt dem Chef auf Schritt und Tritt,
gestaltet Stundenpläne mit,
geht Konrektoren und, galant,
der Sekretärin an die Hand,
hilft dem Pedell in Haus und Schuppen,
begründet Spiel-, Tanz-, Musikgruppen,
repräsentiert, initiiert,
schreinert, klempnert, tapeziert
und übertrifft mit derlei Schwung
so ziemlich jede Forderung.
Ist ein Vollender und Entfacher,
ein Manager, ein Macher,
ein Lenker, Leiter – Gott weiß wer –,
ist alles, nur kein Lehrer mehr.

DER MILIEU-APOSTEL

Ein Lehrer schwört allein auf die
Milieu-prägt-Kinder-Theorie.
So müssten denn, genau genommen,
die Eltern Zeugnisse bekommen.
Ja, es scheint ihm gar geboten,
noch deren Eltern zu benoten.
Doch die sind oft nicht mehr zu haben,
da sie, zu ihrem Glück, begraben.

QUOD LICET IOVI, NON LICET BOVI

Ein Lehrer lauthals es beklagt,
wenn mal ein Schüler Unsinn sagt.
Man merkt nicht, wenn's ihm selbst passiert,
weil er ihn besser formuliert.

DER OPERATEUR

Ein Lehrer legt das Medium Kreide,
sein einziges bislang, beiseite
und lässt den Stoff in bunten Bildern
vom Tageslichtprojektor schildern.
Lässt, um Erkenntnisse zu zimmern,
Lehrfilme auf der Leinwand flimmern
und Bildung in den höchsten Tönen
von Platten und Kassetten dröhnen.
Kommt so didaktisch groß heraus
und ruht sich dabei auch noch aus.

DER KONREKTOR

Ein Lehrer strebt A15 an,
denn schließlich macht ein Amt den Mann.
Die Jahre nehmen ihren Lauf,
er hangelt sich nach 14 rauf
und avanciert, wie es bald heißt,
zu des Direktors gutem Geist.
Ein neuer Chef gelangt ins Land,
dem wächst er zu als rechte Hand.
Dem dritten dann entpuppt er sich
geradezu als zweites Ich.
Beim vierten aber macht die Runde
die wahrhaft unglaubliche Kunde,
dass, ehe er sein Ziel erreicht,
der Konrektor die Segel streicht
und in den Ruhestand eintritt:
'ne Bandscheibe macht nicht mehr mit.

DER SCHAUMSCHLÄGER

Ein Lehrer bringt den andern bei,
wie sehr er doch beschäftigt sei.
Fast müsse er mit allen vieren,
bis dass der Hahn kräht, korrigieren,
mal abgesehen von den Zeiten,
die nötig für das Vorbereiten.
„Wenn's noch mal wär', dann ohne mich."
So redet er, still denkt er sich:
„Es ist nur gut, dass niemand weiß,
dass ich Rumpelstilzchen heiß'."

MISSVERSTÄNDNIS

Ein Lehrer, mehr und mehr frustriert,
mit einem andern diskutiert.
Die Schülerin Mathilde B.,
sagt jener, sei rundum okay.
Er gebe ihr weit über hundert.
Der Lehrer zeigt sich sehr verwundert.
Er schätze zwar des Mädchens Gaben,
doch könne sie nur neunzig haben.
Von dem IQ spricht eine Seite,
der Lehrer von der Oberweite.

DER MENSCHENFREUND

Ein Lehrer weiß, man pflegt zuweilen
auch Lehrern Noten zu erteilen,
die allerdings, von Eins bis Sieben,
für jeden meist schon festgeschrieben.
Der Lehrer – fähig zwar, doch weich –
lag stets im unteren Bereich.
Doch weil er fünfzig Jahre nun,
darf ihm kein Zensor mehr was tun.
Der Lehrer sorgt sich fast zu Tode:
„Wer kriegt nun meine schlechte Note?"

BITTERE ERKENNTNIS

Ein Lehrer mahnend: „Lasst es bleiben,
von dem Nachbarn abzuschreiben.
Bedenkt im Falle eines Falles:
Seh' ich's auch nicht, sieht Gott doch alles!"
Darauf ein Schüler: Dieser stecke
mit ihnen unter einer Decke.
Pflege er von ihren Taten
ihm doch nie was zu verraten.
So melde er, dies nebenbei,
'nen Dieb auch nicht der Polizei.

Für den Lehrer, ohne Frage,
wieder mal 'ne Niederlage.
Nach Chef und Eltern, er muss passen,
hat ihn auch noch Gott verlassen.

DER PROBLEMFALL

Ein Lehrer ist 'ne Art Klein-Doofi
für den Paragrafen-Profi.
Ist er doch im ganzen Land
als Terminmuffel bekannt
und gilt, wie zu vernehmen ist,
oft auf dem Dienstweg als vermisst.

LEARNING BY DOING

Ein Lehrer tapfer Englisch spricht,
wie es gewünscht im Unterricht.
Und weil er es tagtäglich tut,
gelingt's ihm mit der Zeit recht gut,
so dass er denkt im Ruhestandsleben:
Jetzt müsst ich noch mal Englisch geben.

Des einen Not ...

Ein Lehrer bläst schon früh zur Hatz:
Die Klasse schreibt als Schulaufsatz
das Stimmungsbild, er war so frei:
„Ein schöner Tag im Monat Mai“.
„Dass mir“, mahnt er, „die Sache klappt
und ihr die rechte Stimmung habt!“
„Denkt an den Notenschnitt!“, geht's weiter.

Die Schüler sind aus Angst schon heiter.
Und dies, mit allen ihren Sorgen,
um acht an einem grauen Morgen.
Der Lehrer, selber voll Verdruss,
dankt Gott, dass er nicht schreiben muss.

DIE WANDLUNG

Ein Lehrer, eine Lammnatur,
weiß, leidgeprüft, bald eines nur,
dass er, als Softi zubereitet,
bei Schülern Schiffbruch nur erleidet.
Das heißt, so muss er registrieren,
dass diese ihn nicht respektieren.

Der Lehrer gibt sich einen Ruck,
setzt nun die Klasse unter Druck,
gibt Protokolle auf zu schreiben,
benotet streng, lässt sitzen bleiben,
ja spielt fortan, so gut er kann,
den Paukertyp, den wilden Mann.

Zu Hause fällt ihm Goethe ein:
„Hier bin ich Mensch, hier darf ich's sein."

FAKTUM

Ein Lehrer, der zum Chef ernannt,
sieht sich nicht richtig anerkannt,
da auch ein höherer Sockel nicht
zur Leuchte macht ein kleines Licht.

GESCHMACKSSACHEN

Ein Lehrer und sein Zweitkorrektor
sind tätig auf dem Aufsatzsektor.
Auf unschuldsvollem weißem Blatt
finden zwei Zensuren statt:
Was der als „roten Faden" preist,
der andre „Wiederholung" heißt.
Der eine schreibt: „… liebt das Detail",
der andre: „Umstandskrämerei".
Was diesem „kluge Dialektik",
nennt jener „Widersprüche", „Hektik".
Was einer lobt als „Abstrahieren",
das schimpft der andre „Phantasieren".
Der eine urteilt: „Eigene Note",
der andre: „Hohe Fehlerquote".
Hier „gut", dort „mangelhaft" am Rand. –
„Bin ich, ist er noch bei Verstand?",
so fragt der Lehrer sich betroffen. –
In solchen Fällen bleibt dies offen.

PROTEST

Ein Lehrer, Rektor, schlägt die Leier
bei einer Schulabgängerfeier,
das heißt, er heizt der Jugend ein,
stets edel, hilfreich, gut zu sein.
Ein Zwischenruf: „Wie war's bei mir?
Mir gaben Sie doch gern die Vier!"

DER SCHARLATAN

Ein Lehrer predigt Schülerohren,
dass Drogenkonsumenten Toren.
Ob Schnaps, ob Tabak, harte Sachen –
sie pflegen Terror nur zu machen,
indem sie boshaft uns umgarnen.
Er könne deshalb eins nur: warnen.
Er spricht vom Tod und zeigt Gebeine.
Und geht und raucht jetzt erst mal eine.

DER EGOIST

Ein Lehrer kommt mit Goethe an.
Doch vor der Dichtung waren dran:
die Fächer Englisch und Chemie,
Geschichte und Biologie.
Nach diesen ging es los mit Mathe,
in der man Schulaufgabe hatte.

Nun sitzen in der sechsten Stunde
die Schüler müde in der Runde.
Ob man die Arbeit gar verhauen? –
Ein jeder denkt daran mit Grauen.
Der Lehrer klagend: „Hat man Töne? –
Welch Jugend – keinen Sinn fürs Schöne!"

LUFTNUMMER

Ein Lehrer, Oberstudienrat,
wird Direktor, in der Tat,
so dass ihn nun der Titel ziert,
obwohl er gar nichts dirigiert,
kein Amt als Konrektor bekleidet,
geschweige denn die Schule leitet,
wie halt, von Vater Staat erkoren,
so viele Studiendirektoren.

Wer so 'ne Position erreicht,
dem Heizer auf der E-Lok gleicht.

DER INTEGRIERTE

Ein Lehrer kommt, neu in der Zunft,
dem Amtsschimmel mit der Vernunft.
Nennt das Belanglose nicht wichtig
und Nebensächlichkeiten nichtig.
Nicht lange und es schlägt, oh Graus,
besagter Schimmel nach ihm aus.
Er sei, so hört der Lehrer, leider
ein schlechter Paragrafenreiter.

Der Lehrer läuft nun seelisch ein,
passt in den großen Haufen rein,
wo er mit Umsicht und Bedacht
aus Mücken Elefanten macht,
und sieht bald froh beurteilt sich
als über'm Durchschnitt durchschnittlich.

DER WISSENDE

Ein Lehrer, nunmehr pensioniert,
durchs neue Dasein irritiert,
verfolgt im Geist, kaum aufgewacht,
was man so an der Schule macht:
Jetzt klingelt es zur ersten Pause,
nun haben sie die zweite Jause.
Er denkt daran, dass die Kollegen
um ein Uhr sich nach Haus' bewegen.
Sagt sich: Nun pflegen sie der Ruh'
im Ohrensessel, so wie du.
Und sind die Weihnachtsferien da,
sieht er die Osterferien nah,
sodann die Pfingstferien als Brücke
zum großen Sommerferien-Glücke.

Er denkt bei sich, im ganzen Land
ist hoch geschätzt der Ruhestand.
Doch lässt er Lehrer, geht sein Sinnen,
an Freizeit kaum etwas gewinnen.

DER GESTRESSTE

Ein Lehrer, mürbe voll und ganz,
macht seine Jahresschlussbilanz.
Teils fühlt er sich jetzt außer Rande,
weil er sie los ist, diese Bande.
Teils wiederum macht ihn beklommen,
dass immer wieder neue kommen.
Wie pflegt ihn doch beim Vorbereiten
ihr Wehgeschrei stets zu begleiten,
besonders laut bei seinem Streben,
Trägheitsmomente aufzuheben.
Der Lehrer seufzt aus rauem Hals.
Die Schüler seh'n sich schlimmstenfalls
geprüft von Lehrern, feierlich.
Vom Leid geprüft sieht er stets sich.

DIE POSAUNE

Ein Lehrer auf dem Wirtshausstuhle,
schon heiter, plaudert aus der Schule:
dass Schüler A, einst doch so tüchtig,
seit Längerem schon rauschgiftsüchtig,
der Sohn des B als Dieb entlarvt
und C in Mathe unbedarft.
Da fragt am Tische man verstört:
„Vom Dienstgeheimnis nichts gehört?" –
Der Lehrer, staunend wie noch nie:
„Von welchem denn? Erzählen Sie!"

Ritual

Ein Lehrer feiert Wiegenfest,
ein rundes, schon im Lebensrest.
Und da er Rektor noch vor Orte,
macht man gar viele schöne Worte.
Der Konrektor ist mit dabei,
sagt, dass der Chef der Größte sei.
Vom Ministerium ein Gesandter
preist routiniert das Miteinander
und auch der Bürgermeister lobt,
in solchen Dingen ja erprobt.
Ein Elternsprecher ist ihm hold,
Respekt ihm auch ein Schüler zollt.
Der Rektor dankt den Gratulanten
und tut den Ausspruch, den bekannten,
dass ohne sie, er wird ganz weich,
sein Wirken halb so segensreich.

So lobt mit wohlgesetzten Reden
nach altem Brauche jeder jeden
zur gegenseitig großen Freude. –
Geschlossene Gesellschaft heute.

DER ANSPRUCHSVOLLE

Ein Lehrer Schülertexte schindet,
denn wer im Aufsatz sucht, der findet.
Fährt mit dem roten Stift herum:
streicht durch, merkt an, baut Sätze um.
Verkneift sich jeglichen Applaus,
ja, bittet Perfektion sich aus.

Ein junger Mensch, so ausdrucksmächtig,
wär' förmlich leitartikelträchtig.
Vom Lehrer selbst, dem strengen Wesen,
gibt's leider kaum etwas zu lesen.

DER VERWANDLUNGSKÜNSTLER

Ein Lehrer auf humane Art
geschickt Konflikte sich erspart.
Bleibt gütig bis zum Gehtnichtmehr,
legt sich ein Schüler einmal quer.
Macht lobend schwache Schüler froh;
die guten rühmt er sowieso.
Strahlt, schreitet er durchs Haus,
unaufhörlich Wärme aus.
Gilt bei Kollegen, Eltern schon
als Freundlichkeit gar in Person,
gewinnend Sympathie mit links.
Besagter Lehrer allerdings
wird dabei seiner selbst nicht froh,
ist er doch nur beruflich so.

DER SPÜRHUND

Ein Lehrer rühmt sich: Abzuschreiben
lassen seine Schüler bleiben.
Ortet er doch jede Regung,
sichtet jede Art Bewegung.
Auch kein Flüstern ihm entgeht
und wär's auch nur ein Stoßgebet.
Ein Schüler, der zum Nachbarn blickt,
wird auf 'nen Einzelplatz geschickt.
Wobei es keine Rolle spielt,
wenn einer von Natur aus schielt.

DER ZERSTREUTE

Ein Lehrer, recht gut vorbereitet,
bedächtig hin zum Lernziel schreitet,
bis ihm nach einer Weile klar,
dass dies der falsche Lehrstoff war.
Und zwar, so sieht er nun bei Lichte,
statt aus dem Deutschen aus Geschichte
sowie, wer hätte das gedacht,
für Klasse neun statt Klasse acht.
Doch raubte niemand dies die Ruh',
hört er doch selbst sich nicht mal zu.

PARASITEN

Ein Lehrer findet es betrüblich,
dass es bei vielen Jungen üblich,
Friede, Freude, Eierkuchen
in der Drogenwelt zu suchen.
Zu Therapien dann zu schreiten,
wobei Sozialhelfer sie leiten.
Leistung hat ihre Sympathie,
nur als Sozialleistung für sie.
Man hat, denkt er, groß sein Missfallen,
die Hand nicht frei, 'ne Faust zu ballen.
Gilt es doch, für die Gestalten
das Sozialnetz aufzuhalten.

JE NACHDEM

Ein Lehrer lächelt irritiert,
wenn deutsche Jugend demonstriert:
Nein zur Kernkraft, Ja zum Frieden,
für eine heile Welt hienieden.
Sitzt nicht bei Büchern, sondern keck
läuft einerseits sie voneweg,
kommt andrerseits, bei Pisa dann,
nur unter „ferner liefen" an.

DER STÖRENFRIED

Ein Lehrer heizt den Schülern ein,
stets edel, hilfreich, gut zu sein,
das heißt, als Folge dieser Gaben,
ein Herz für andere zu haben.
Die Schüler nervt's – für sie Getue –,
sie wollen einfach ihre Ruhe.
So fordern sie, er möge stoppen,
mit Nächstenliebe sie zu mobben.

DER WIRKUNGSVOLLE

Ein Lehrer gibt am Grab dem toten
Kollegen nur die besten Noten.
Der Selige, Ausbund von Tugend,
war stets ein Vorbild für die Jugend,
ein Könner und doch jederzeit
bescheiden, freundlich, hilfsbereit,
vor allem aber immer offen.

Der Lehrer heißt die Leute hoffen
und wundert sich, dass alles weint.
Es war doch gar nicht so gemeint.

DER ARGLOSE

Ein Lehrer kämpft, genervt wie immer,
um Disziplin im Klassenzimmer.
Da wird geschäkert und gelacht,
berichtet von der Disco-Nacht.
Da werden Stullen ausgepackt,
die Mädchen in den Po gezwackt,
da macht der Klassenkasper Possen,
wird mit Papierkugeln geschossen.

Der Lehrer könnt' die Störer killen.
Wie liebt er doch die Ruhigen, Stillen.
Die aber schreiben, nicht zu knapp,
beim Nachbarn Hausaufgaben ab.

DER TAKTIKER

Ein Lehrer übt besondere List
und stellt sich dümmer als er ist.
Da sie vor ihm nicht auf der Hut,
kennt er jeden Schüler gut.
Hält doch zum Narren nicht die Welt,
wen sie bereits für einen hält.

DER KONSERVATIVE

Ein Lehrer tut sich mehr und mehr
mit der modernen Lyrik schwer.
Fühlt sich von ihr, die sich nicht reimt
und keinen Rhythmus hat, geleimt.
Die Poesie, die heut betrieben,
sei Prosa, meint er, nur geschrieben
von oben, Satz für Satz, nach unten,
was halbwegs als Gedicht empfunden,
gehalten meistenteils im Dunkeln,
wo, wie der Volksmund sagt, gut munkeln.

Der Lehrer stöhnt, muss er doch sinnen,
den Texten Inhalt abgewinnen,
ja diese so interpretieren,
dass seine Schüler sie kapieren.
Derweil er macht so seine Possen,
denkt er nicht selten, recht verdrossen,
dass so ein Schreiber, der kein Heine,
wohl selbst nicht wisse, was er meine.

DER BEFREITE

Ein Lehrer, endlich in Pension,
wie kurz zuvor sein Rektor schon,
schätzt mehr als der das neue Leben.
Er ist nicht länger untergeben.

DER MASCHENSTRICKER

Ein Lehrer, der sich ungeniert
als Hiobsbote produziert,
tritt täglich breit, dass die vermehrten
Raketen uns bald beten lehrten.
Wald gehe ein und Wasser aus.
Giftschwaden wehten um das Haus.
Das Ganze sei radioaktiv.
Und auch die Wirtschaft laufe schief.
„No future!", tönt er. – Im Vertrauen:
Er selber plant ein Haus zu bauen.
Manch Schüler ist schon selbstmordreif.
Der Lehrer aber macht Highlife.

AUSGEGRENZT

Ein Lehrer grübelt: Weihnachtszeit
bedeutet Frieden weit und breit.
Frieden bei den Schwarzen, Roten,
Grünen, Gelben und Chaoten,
bei den Großen und den Kleinen,
bei Verbänden und Vereinen.
Frieden im Reaktorkern,
Frieden nah und Frieden fern.
Überall ist Frieden in.
Auch bei ihm wär' dieser drin,
wenn im Jahr des Chefs, denkt er,
die Beurteilung nicht wär'.

BEKENNTNIS

Ein Lehrer vor der Schulgemeinde,
verkündet: „Liebet eure Feinde!"
Da ruft ein Schüler, den's getrieben:
„Sie glauben nicht, wie wir Sie lieben!"

IRREN IST MENSCHLICH

Ein Lehrer erntet Lob von oben.
Man sah, wie Schüler Finger hoben:
Durchs Fenster hat der Chef entdeckt,
wie motiviert manch' Arm gereckt.

Der Lehrer könnt' vor Freude rasen,
gesegnet seien volle Blasen.

TROSTPREIS

Ein Lehrer, kaum dass er erstarkt
im Amt des Chefs, stirbt am Infarkt.
Der andre, ohne Höhendrang,
der wird zwar nichts, doch bleibt es lang.

DER HEIMATVERTRIEBENE

Ein Lehrer, dem der Ruhestand
nach vierzig Jahren zuerkannt,
bekommt von seiner Frau zu hören:
„Du wirst mir auf der Stelle schwören,
dass früh du aus dem Bett dich hebst,
nicht in den Tag hinein nur lebst;
dass du den Garten umgräbst, säst,
das Unkraut tilgst, den Rasen mähst;
dass du dich endlich einmal traust
und ein Regal im Keller baust,
der Hausarbeit dich nicht versagst,
nach Sonderangeboten jagst
sowie, befreit vom Korrigieren,
nachts kommst, und sei's auf allen vieren.

Man sieht, Pardon wird nicht gegeben –
der Lehrer muss hinaus ins Leben.

DER FAIRE

Ein Lehrer mahnt: „Lasst das Gehabe,
fürs Mogeln braucht man eine Gabe.
Wer die nicht hat, schreibt oft voll List
vom Nachbarn ab, was Unsinn ist."

EHRLICHER BETRÜGER

Ein Lehrer mahnt: „Karl, lass das bleiben,
von deinem Nachbarn abzuschreiben!"
Worauf der Schüler bissig spricht:
„Na hör'n Sie mal, das tu' ich nicht,
auch wenn ich ihm den Kopf zudrehe –,
weil nämlich falsch ist, was ich sehe."

SCHRECK AM NACHMITTAG

Ein Lehrer, ledig seiner Schäfchen,
pflegt nachmittags sein Mittagsschläfchen,
das ihn, vom Volke unbemerkt,
für den Feierabend stärkt.
Nur einmal ist es ihm missglückt,
als ihn ein böser Alb gedrückt.
Ihm träumte zwischen zwei und viere,
dass er, hellwach, sich präpariere.

DER LEUTSELIGE

Hat sich ein Lehrer mal verhauen,
genießen Kollegen sein Vertrauen.
Jedoch, zu seinem Missvergnügen,
genießen sie's in vollen Zügen.

ERSATZHANDLUNG

Ein Lehrer stimmt die Schüler ein
auf Bildungsreisen, groß und klein,
wie er sie selber, tief bewegt,
mit Frau und Kind zu machen pflegt.
Er spricht von Römern, Griechen (alten),
von ihrem Denken, ihrem Walten.
Die Schüler hängen hingerissen
an seinem Mund und speichern Wissen
und kriegen so eine profunde
Geschichtskenntnis in seiner Stunde.
Wär' jetzt nur nicht, mit ernstem Streben,
laut Stundenplan Latein zu geben,
was er wieder mal vermeidet,
da nicht so richtig vorbereitet.

PALAVER-INTELLIGENZ

Ein Lehrer denkt sich, Schüler heute
sind, wie es scheint, gescheite Leute.
Wie sie doch kritisch, ohne Zagen,
jeweils den Lehrstoff hinterfragen
und dabei zeigen, eloquent,
wie klug sie sind, wie kompetent
darin, Probleme aller Größen
allein rhetorisch schon zu lösen.

Dem Lehrer geht das wider'n Strich
und realistisch sagt er sich:
Worte, wenn auch wohlgeraten,
bedeuten nichts, gefragt sind Taten,
vonnöten sogenannte Macher,
als jener Schwätzer Widersacher,
welche heut man ungeniert
für Fernseh-Talkshows rekrutiert.

ILLUSION

Ein Lehrer, somit Mann vom Fach,
fördert Schüler, wenn sie schwach.
Und zwar, indem er so verfährt,
dass alles dreimal er erklärt.
Verliert dabei nie die Geduld,
denn Fördern, weiß er, ist heut Kult.

Doch er denkt bei diesem Brauch
an der Schüler Zukunft auch.
Ist's nach der Schule doch vorbei
mit der ganzen Förderei
und mit manchem Selbstbetrug.
Dann ist die Forderung am Zug,
das heißt, ist Leistung angesagt.
So hat den Frust man nur vertagt.

DER ENTKLEIDETE

Ein Lehrer, mahnend immerzu,
bringt in die Klasse keine Ruh'
und bekäme gern erklärt,
wie man mehr Respekt erfährt.
Als Studienrat hat bei den Alten
man noch Wertschätzung erhalten.
Der höhere Dienst erbrachte gar,
dass man ein Herr Professor war.
Was, denkt er, ist man jetzt denn schon,
nichts weiter als 'ne Lehrperson.

So fragt er sich von früh bis spät:
„Wo nimmt man her Autorität?",
die heut, wie hasst er diese Zeit,
ihm sein Amt nicht mehr verleiht.

DER KURZSICHTIGE

Ein Lehrer, einer von den Grünen,
und zwar von den besonders kühnen,
macht Sitzstreik gegen Bauprojekte,
durch die, was ihn zutiefst erschreckte,
ein naher Froschteich ginge flöten.
Doch droht Gefahr so seinen Kröten,
für welche er, dem Staat sei Dank,
ein Biotop hat bei der Bank.
Zahlen, muss man ihm beteuern,
doch auch Bauarbeiter Steuern.
Dann lieber keinen Froschteich haben
als sich das Wasser abzugraben.

DER RÄCHER

Ein Lehrer mag sich wenden, drehen –
der Müller lässt im Bus ihn stehen.
Der Lehrer hat in Deutsch den Knaben.
Denkt: „Sitzen bleiben? – Kannst du haben!"

DER FLÜCHTLING

Ein Lehrer, mutig ohne Frage,
wagt sich hinaus am Nachmittage.
Da hört er auch schon Nachbar Klein:
„Jaja, ein Lehrer müsst man sein."
Und aus dem Fenster grinst Frau Höhn:
„Wie haben's doch die Lehrer schön."
Beim Kaufmann fragt man ungeniert:
„Nanu, schon alles korrigiert?"
Ja selbst sein Freund gibt keine Ruhe,
will wissen, was ab eins er tue.

Der Lehrer, dem dies nicht geheuer,
setzt, Frieden suchend, sich ans Steuer,
um weit vom Schuss sich zu bewegen.
Doch wimmelt es
dort von Kollegen.

DAS SPRACHROHR

Ein Lehrer zu den Schülern spricht:
„Denkt dran, die andern schlafen nicht.
Drum klopft nicht Sprüche, solche dreisten,
sondern lernt, um was zu leisten
im Schweiße eures Angesichts,
sonst wird's mit der Karriere nichts.
Seh' schwarz für euer späteres Leben,
könnt heut ihr keinen Ruck euch geben."

Dass dies in seinen jungen Jahren
die Worte seines Lehrers waren,
der so hielt über ihn Gericht,
das sagt der Lehrer lieber nicht.

DER SCHIZOPHRENE

Ein Lehrer denkt nicht dran, verbissen
zu kämpfen um der Schüler Wissen,
als Gewerkschaftsfunktionär
tut er dies für mehr Salär.

DER PFERDEFUSS

Ein Lehrer trichtert Schülern ein:
Soziale Kompetenz muss sein.
So pflegen diese dann zu laufen,
für alte Leute einzukaufen,
Behinderte, wie die es lieben,
im Rollstuhl durch den Ort zu schieben.
Um bei Müttern Stress zu mindern,
spielen sie mit ihren Kindern.
Verdienen, Arme zu beglücken,
Gelder mit Theaterstücken.
Nehmen zu der Schule Heil
auch an Wettbewerben teil,
wobei mit Malen, Schreiben, Singen,
sie so manchen Preis erringen.

Den Lehrer kann so was begeistern,
gibt es doch nichts, was sie nicht meistern,
außer, wie die Prüfer fanden,
Gleichungen mit Unbekannten.

FROMMER WUNSCH

Ein Lehrer murmelt: „Armes Land",
als Pisa-Werte ihm bekannt,
wobei er allerdings sich fragt,
ob nur die Schüler hier versagt.
„Sollt' man nicht mal", wagt er zu kritteln,
„bei Lehrern den IQ ermitteln?
Bei Leuten auch, die ohn' Geschick
machen Bildungspolitik?"
Was dies betrifft, gibt er den Rat:
„Setzt den IQ aufs Wahlplakat.
So hätt' man", stellt der Lehrer fest,
„eine Art Idioten-Test."

DER HELLSEHER

Ein Lehrer sieht mit einem Blick
der Schüler späteres Geschick:
Der eine, strebsam, nicht zu zügeln,
wird ihn beruflich überflügeln.
Der andre wird – faul, zu nichts nütze –
Sohn von Beruf mit spät'rer Stütze,
verwirklichend in einer Tour
nichts weiter als sich selber nur.
Doch der, den einst er ohn' Verstand
verächtlich Streber nur genannt,
macht, dass sein Dasein angenehm,
mit tragend das Sozialsystem.

Relativierung

Ein Lehrer hört, gar viele Taler
koste er den Steuerzahler.
Dem Lehrer raubt dies nicht die Ruh',
denkt: „Steuerzahler bist auch du.
Trägst so 'nen Teil von deinem Lohn.
Wer in der Wirtschaft macht das schon?"

Schichtwechsel

Ein Lehrer kommt im Fach Latein
mit Cäsar an, jahraus, jahrein.
Sitzt ab mit der Erörterung
des Werks jede Beförderung.
Längst ging zur Ruh' das Haupt, das hehre,
da macht der Hintern noch Karriere.

Dumm gelaufen

Ein Lehrer sah, was ihn frustriert,
dass Bücher, staatlich finanziert,
Jahr für Jahr die Schüler nuzten,
auch wenn sie mehr und mehr verschmutzten.

Doch gab es, wie er heut noch weiß,
nur Bücher gratis, nicht den Fleiß,
so dass oft, was nicht übertrieben,
nur die Bakterien hängen blieben.

SCHICKSAL

Ein Lehrer korrigiert verbissen,
was Schüler über Drogen wissen,
im Prüfungsaufsatz vierzigmal.
Dem Lehrer wird dies bald zur Qual.
Gar vierzigmal nach einem Schema
begegnet ihm das Rauschgiftthema.
Der Lehrer ist seit Tagen flüchtig.
Er ward darüber selber süchtig.

DER DEPRESSIVE

Ein Lehrer, Griesgram von Natur,
sieht überall das Schlechte nur.
Malt grau der Schüler Zukunft aus,
da ja die Welt ein Irrenhaus,
die Zeiten heute schier zum Weinen.

So hört tagtäglich man ihn greinen,
als gehe es Besoldungsstufen
hinauf nur mit Kassandra-Rufen.
Die Schüler schlafen durch die Bank,
sogar sein Chef sagt: Gott sei Dank.

ÜBERRASCHUNG

Ein Lehrer, Rektor, steigt vom Thron
und begibt sich in Pension.
Merkt, nur noch als Mensch gegeben –
auch als ein solcher lässt sich's leben.

PREISFRAGE

Ein Lehrer nimmt geduldig hin,
was Schüler so an Jux im Sinn.
Zeigt lieb und nett sich, macht den Affen,
was mit A14 noch zu schaffen.
Müsst' er für weniger es machen –
die Schüler hätten nichts zu lachen.

DER SYSTEMKRITIKER

Ein Lehrer lehrt, darin geschickt,
manch Fähigkeiten zum Konflikt,
zum Kämpfen gegen das, was hält
des Kapitals so schnöde Welt.
Verändern will er's im Akkord.
Von Groß- und Kleinschreibung kein Wort.
Auch hält er, wie er stets schon fand,
Lektüre nicht für relevant.
Von gutem Deutsch gar nicht zu sprechen –
er hat da selbst so seine Schwächen.
Zwar sollen die Schüler ohne Zagen
uns're Gesellschaft hinterfragen,
doch, wie man's fach-chinesisch nennt,
sind sprachlich sie inkompetent.
So sorgt mit dem Konfliktgetue
der Lehrer eigentlich für Ruhe.

DER DURCHBLICKER

Ein Lehrer ärgert sich: ein Hohn
sei heut die Bildungsdiskussion.
Die Lehrer seien faule Tröpfe,
man wolle endlich helle Köpfe,
begnadete Personen praktisch,
pädagogisch wie didaktisch.

Der Lehrer meint, bei dem Geschrei
nicht gänzlich von Zynismus frei,
mit solchen Leuten sollt man geizen,
statt sie im Schuldienst zu verheizen.

Ihm liege fern, zu spielen Richter,
doch täten's hier auch kleinere Lichter.
Was nützten schließlich einem Land
Leuchten, wenn sie ausgebrannt.

PRÄDESTINIERT

Ein Lehrer konnt', ganz Ideologe,
nur eines werden: Pädagoge.
Liest nicht nur Marxens linke Bände,
er hat auch noch zwei linke Hände.

VORWORT

Ein Lehrer hört es ganz verdutzt:
„Du hast dein eig'nes Nest beschmutzt!"
Der Lehrer denkt: Was soll die Leier? –
Ich zielte nur auf Kuckuckseier!

SPÄTER LOHN

Ein Lehrer wird wohl, unbenommen,
schnurstracks in den Himmel kommen.
Ging er doch bei Schülerherden
durchs Fegefeuer schon auf Erden.

RESIGNATION

Ein Lehrer in Realschulräumen,
entsagend höheren Lehramtsträumen,
sich mehr ins Praktische versenkt.
Ein Schelm, wer Böses dabei denkt.

Schatten der Vergangenheit

Ein Lehrer, ihm erstarrt das Blut,
hört: „Meine Mutti kennt Sie gut."
War einst sie eine seiner Bräute?
Steht vor ihm das Ergebnis heute?
Des Lehrers Herz bald ruhiger tickt:
Er hat bei Mutter nur gespickt.

Mittel zum Zweck

Ein Lehrer pflegt bekannt zu geben,
die Schüler lernten für das Leben,
doch denkt dabei, nach alter Sitte,
an gute Klassennotenschnitte,
weil diese, das weiß auch ein Kind,
zuträglich seinem Anseh'n sind.
So lernen, da gibt's kein Entflieh'n,
die Schüler vorerst mal für ihn.

DER SPIESSER

Ein Lehrer fühlt sich jäh gepackt
von einem Mädchen, das halb nackt
vom Filmplakat herunterlacht
und Pornopropaganda macht.
Obwohl er um sein Ansehe'n bangt,
dem Lehrer doch danach verlangt,
spätabends, Kragen hochgeschlagen,
den Gang zu diesem Film zu wagen.
Gar mancherlei Gefahren witternd,
schleicht er ins Kino, blass und zitternd.

Das Licht geht an, vorbei der Knüller.
Wer steht vor ihm – der Schüler Müller!
Anstatt gelassen sich zu geben,
fängt nun der Lehrer an zu beben.
„Ich wollte nur", spricht er erregt,
„mal sehen, wo ihr euch bewegt!"
So lebt auch heute noch vor Ort
H. Manns Professor Unrath fort.
Zufrieden jedoch schon mit Beinen
von Damen auf dem Kinoleinen.

FEHLANZEIGE

Ein Lehrer weiß, so gut man kann
strebt ein höheres Amt man an.
Doch wie bekannt, bewirkt dies nicht,
dass Leuchte wird ein kleines Licht.

Missverständnis

Ein Lehrer fragt: „Wo haben wir
den Höhepunkt beim Texte hier?"
Darauf ein Schüler, nah' dem Weinen:
„Was mich betrifft, ich hab' hier keinen."

Späte Reue

Ein Lehrer lauscht im Schulhausflur,
doch hört im Klassenzimmer nur
die feste Stimme des Kollegen.
Die Schüler still, oh welch ein Segen!

Da herrscht doch eine Ruh' in Mathe,
wie er in Deutsch noch nie sie hatte.
Muss man doch hier sich konzentrieren,
will man den Anschluss nicht verlieren.
Ach, hätt' er doch, denkt er verhärmt,
für Zahlen sich einst mehr erwärmt.
Er hätt' nun Stille statt des Kraches,
wenn auch auf Grund nur seines Faches.

Mr Jekyll – Mr Hide

Ein Lehrer gibt Erziehungskunde,
verkündet in der Schülerrunde
Moral und Sitte, Werte, Normen,
erzählt vom Bilden und vom Formen,
von Liebe auch, ja wird nicht müde
zu rufen nach Geduld und Güte.
Und schreit, als schwätzt der Schüler Jauze:
„Verdammt, halt' endlich mal die Schnauze!"

Der Nachhaltige

Ein Lehrer sieht, leicht irritiert,
wie man das Lehren technisiert.
Man lässt die Schüler Radio hören,
schafft Durchblick mittels Fernsehröhren.
Macht, polyglott sie zu trainieren,
dass sie in Sprachlabors parlieren.
Druckt, wenn sie sich noch nicht im Klaren,
Hilfen fürs Lernen im Offset-Verfahren.
Kurz: Setzt Maschinen ein en gros.

Wie macht's der Lehrer? – Einfach so!
Er braucht nicht Platten und nicht Bänder,
Empfänger nicht und auch nicht Sender.
Ihm, der beileibe kein Genie,
reicht der Schüler Energie.
Der Lehrer hat auf seine Art
Der Menschheit schon viel Strom gespart.

DER INTEGRIERER

Ein Lehrer hat in Literatur
den Realismus in der Kur
und fragt: „Wovon spricht der Erzähler
in Storms Novelle ‚Poppenspäler'?
Von Fürsten, Kaisern, einem Schah?"
Der Türke Cihan flüstert: „Ja".
Der Lehrer lobt ihn voller Freuden:
„Jawohl, er spricht von kleinen Leuten.
Du hast nur, bitte keinen Frust,
den rechten Ausdruck nicht gewusst!"

ENDE GUT — ALLES GUT

Ein Lehrer stirbt beim Abendbrot
und ist von nun an mausetot.
Manch Fehler ward bei ihm entdeckt,
nun tat er endlich was perfekt.

DER AUSGEFLIPPTE

Ein Lehrer, schon etwas bei Jahren,
muss, wie es oft geschieht, erfahren,
dass ihn der Teufel zwickt und zwackt,
das heißt die Midlife-Krise packt.
Hat nun, man nennt's Johannistrieb,
statt seiner Frau 'ne jüngere lieb.
Legt sich zu ihr und damit quer,
kennt Weib, Kind und sich selbst nicht mehr.
Lebt noch mal auf und nicht zu knapp,
als Vorbild jedoch macht er schlapp.

DER SELBSTVERLEUGNER

Ein Lehrer schätzt gar hoch sich ein,
sagt: „Lehrer sein heißt Vorbild sein!"
Zeigt deshalb sich im Schülerheer
stets duldsam bis zum Gehtnichtmehr,
voll Verständnis für Chaoten,
für jede Art von Antipoden,
mit einem Wort stets frohgemut
sich beruflich lieb und gut.

Für die Schüler, sie stimmt's heiter,
ist er ein Softi und nichts weiter.
Ihm bangt, dass es nicht lange währt
und seine Frau davon erfährt.
Was ändern würde ihren Benimm,
die Folgen wären für ihn schlimm.

Sic transit gloria mundi

Ein Lehrer, fachlich anerkannt,
begibt sich in den Ruhestand.
Man singt zum Abschied Lobeslieder,
doch fragt schon bald: „Wie hieß er wieder?"

Das Phantom

Ein Lehrer geht, 'ne graue Maus,
schon ist ein anderer im Haus.
Und so erinnert, oh, welch Tücke,
an ihn jetzt nicht mal eine Lücke.

Das Chamäleon

Ein Lehrer hält gar stetig Schritt,
macht alle Neuerungen mit.
Doch selten nur begrüßt er sie.
So pflegt er 'ne Art Mimikry.

ZU KURZ GEDACHT

Ein Lehrer hört heut Eltern sagen,
dass ein Kind in unsren Tagen
passend für die Welt erzogen,
wenn es gebraucht die Ellenbogen.
Sei die Konkurrenz doch groß,
Rücksichtnahme Wunschtraum bloß.

Der Lehrer denkt: Hört man sie reden,
heißt Kampf das, jeder gegen jeden.
Und es überläuft ihn kalt,
sieht er die Jungen, wenn sie alt,
kümmerlich ihr Dasein fristen,
umgeben nur von Egoisten,
die so sind, wie in jungen Jahren
sie schließlich einmal selber waren.

DAS TALENT

Ein Lehrer, Opfer mancher Plagen
beim Nickerchen an Nachmittagen,
kriegt mit der Zeit heraus den Dreh,
zu beherrschen das Metier.
Ob es nun warm ist oder kühl,
das Wetter trocken oder schwül,
ob Donnergrollen dringt ins Zimmer,
Verkehrslärm, welcher Art auch immer,
ob Hundebellen, Worteschwall
mit angeschlossenem Türenknall –
er schafft es, frei vom Fühlen, Denken,
sich in Tiefschlaf zu versenken,
von der Genugtuung beseelt,
dass den Beruf er nicht verfehlt,
und gibt „Wie schlaf' am Tag ich?" weiter
in einem Kurs für Schichtarbeiter.

Pädagogischer Kriegsteilnehmer

Ein Lehrer, der so gut es geht
an der Front vor Schülern steht,
versucht in täglich neuem Ringen
Lehrstoff an den Mann zu bringen.
Erziehliches bleibt auf der Strecke,
er geht fast nur noch an die Decke
und, aufgebracht, kommt er mitunter
von derselben kaum noch runter.
Und wie er durchhält Jahr für Jahr.
Sein Wesen, es wird sonderbar,
sein Nervenkostüm, es zerknittert,
der Kopf, er wackelt, die Hand, sie zittert.
So ist denn die Pension am Ende
im Grund 'ne Invalidenrente.

Quoten-Opfer

Ein Lehrer, der beim Gehe'n gelobt
als einsatzfreudig und erprobt,
denkt: „Chef, so was gehört verboten,
gabst du mir doch stets mäßige Noten."

Der Permissive II

Ein Lehrer auf moderne Art
sich manchen Ärger heut erspart.
Das heißt, wenn Schüler renitent,
zügelt er sein Temperament,
und übt stets sich in Geduld,
ja, gibt er lieber sich die Schuld,
als am Schlafittchen sie zu packen.
Ein böser Geist sitzt ihm im Nacken,
der erscheint im ganzen Land,
ein Gespenst, Zeitgeist genannt.

Der Altruist

Ein Lehrer hat so seine Zeiten,
da will er sich stets vorbereiten,
bei Paragrafen sein ein Renner,
der beste Unterabsatzkenner.
Doch denkt er wiederum bei sich,
gibt es hier keinen mehr wie dich,
mit Schwächen auf so manchem Sektor,
wohin dann mit dem Herrn Direktor?

Viel Lärm um nichts

Ein Lehrer pflegt in Ethik-Stunden
vor den Schülern zu bekunden,
was der Mensch, wie man ihn kennt,
seit je Moral und Sitte nennt,
was Religionsstifter erbrachten
und Philosophen dazu dachten.

Doch bräucht' man weder Kant noch Hegel,
es reichte aus die gold'ne Regel:
Was du nicht willst, das man dir tu',
das füg' auch keinem andren zu.

Der Orator

Ein Lehrer, von sich selbst betört,
auf seine Rednerkünste schwört.
So pflegt es ihn dazu zu treiben,
'nen Nachruf auf sich selbst zu schreiben.
Säumt nicht, ihn auf CD zu speichern,
um sein Begräbnis zu bereichern.
Abgespielt soll seinem Leben
einen letzten Glanz er geben.
Der Lehrer sich deshalb schon heut,
auf seinen großen Abgang freut,
ja denkt, bei all der frommen Mär:
Ach, wenn's doch nur schon so weit wär'!

DER GESTRESSTE

Ein Lehrer seufzt: „Oh welche Plage
sind diese freien Nachmittage!"
Wenn andere an Akten fummeln,
sich an Montagebändern tummeln,
muss er, will er nach oben schreiben,
mühselig sich die Zeit vertreiben.
Er schlafe gerne, nichts dagegen,
doch sei er fast schon aufgelegen.
Wollt' er mit Wandern es versuchen,
verführten Kaffe ihn und Kuchen.
Drauf lüden ständig Bier und Wein
zu einem Dämmerschoppen ein.
Nicht selten nehme ihn, oh Graus,
sein Eheweib beim Shopping aus.
Auch koste, wie er festgestellt,
am Nachmittag die Freundin Geld.
Drum steht in seinem Brief zu lesen:
Zahlt Lehrern endlich Freizeitspesen!

DER FACHKUNDIGE

Ein Lehrer mahnt, kein Lehrer werden
sollt' man mit nervlichen Beschwerden.
Schon gar kein Mensch, so fügt er an,
der nachmittags nicht schlafen kann.

OHNE WORTE

Ein Lehrer denkt, vergessenswert
ist manches Wissen, das man lehrt.
Hilft's Schülern auch nicht aus der Not,
so gibt's doch ihm, dem Lehrer, Brot.

DER SEELENTRÖSTER

Ein Lehrer, vollgestopft mit Sprüchen
aus all den Psychologenküchen,
vernimmt, dass manche seiner Knaben
keine Hausaufgaben haben.
Sie hatten, hört er, mächtig Frust
und demzufolge keine Lust.
Der Lehrer sanft: „Ihr wart nicht krank?
Nur keine Lust? – Na, Gott sei Dank!"

LOGISCH

Ein Lehrer mahnt: „Es geht daneben,
lernt man für Schule statt fürs Leben." –
„Aha", denkt sich der Schüler Frieder,
„drum hat ihn auch die Schule wieder!"

Neues Denken

Ein Lehrer seine Schüler lehrt,
dass man seit je das Alter ehrt.
Doch hält die Klasse das für dumm.
So fragt den Lehrer man, warum?
Wer nah am Himmel, geht's Geschrei,
doch deshalb nicht was Besseres sei.

Die Konkurrenz

Ein Lehrer, der am Wandertag,
erpicht auf seelischen Ertrag,
mit der gemischten Klasse acht
'nen Schulausflug ins Grüne macht,
fragt Schüler bald, weshalb sie eilten,
an schönen Fleckchen nicht verweilten,
nicht einen Blick daran verlören.
Sie hätten, kriegt er da zu hören,
die Natur, er möcht's verstehen,
schon im Fernsehen gesehen.

ERMAHNUNG

Ein Lehrer gibt beim Schulaufsatz
eine Fünf dem Schüler Matz.
Für 'ne Erörterung sei der
einfach zu gedankenleer.
Er zeuge nicht von großem Fleiße,
es fehlten Beispiele, Beweise.
Gedankensprünge, Logik keine –
es werde klar nicht, was er meine.

Worauf der Schüler protestiert,
vom Lehrer fordert, ungeniert,
er möge sich beim Korrigieren
etwas mehr doch engagieren,
sich in den Text hineinversenken.
Der Lehrer habe mitzudenken.

DER RESIGNIERENDE

Der Lehrer sieht, was er doziert,
heut Schüler kaum noch interessiert.
So spielt er denn, so gut er kann,
bezahlt dafür, den wilden Mann.
Doch denkt dabei: „Ob's Regen gibt?"
Wo er das Golfspiel doch so liebt.
Dem Lehrer geht's wie den Kollegen,
die sich zwar pflichtgemäß erregen,
doch denen längst die Schüler schnuppe,
die nur noch eine Schauspieltruppe.

BERUFSRISIKO

Ein Lehrer nicht verstehen kann,
dass er bei Frauen nicht kommt an.
Ob eine wohl die andre warnt,
dass Pauker er, als Mensch getarnt?

AKTE DER VERZWEIFLUNG

Ein Lehrer klagt, es sei fatal,
dass abnehme der Schüler Zahl.
Ob es ihm bald schon schlecht ergehe,
er brotlos ohne Job dastehe?

Am liebsten, merkt er mit Entsetzen,
möcht' hinter Frauen er herwetzen,
die für ein Baby nicht zu alt,
für Nachwuchs sorgend mit Gewalt.

DER ANGLER

Ein Lehrer singt die Melodei,
dass ihm Beruf Berufung sei,
ein Dienen zu der Schüler Heil.
Im Heiratsmarkt-Annoncenteil
da pflegt er einen andern Ton:
spricht er von Ferien und Pension.

DES RÄTSELS LÖSUNG

Ein Lehrer, den der Schüler Voll
fragt, was das denn heißen soll,
was er da geschrieben hat,
unleserlich auf seinem Blatt.
Der Lehrer, spuckend Gall' und Gift:
„Saupfote heißt das, miese Schrift!"

PROPHETIE

Ein Lehrer, der als Kind fast nur
mit Rotstift auf Papier rumfuhr,
hört seinen Vater heut noch lachen:
„Der Junge wird mal Lehrer machen."

DER NAIVE

Ein Lehrer, nicht ganz ausgeschlafen
betreffs Verwaltungsparagrafen,
als ein Terminmuffel bekannt –
kurzum: im Schulgetriebe Sand,
wird hin zu seinem Chef gebeten.
„Wir haben", hört er diesen reden,
„die längste Zeit uns hier gesehen!" –
Der Lehrer: „Ach, Sie wollen gehen?"

DER LIBERALE

Ein Lehrer sagt zwar keinen Ton,
doch denkt beim Pflichtfach Religion,
man sollt' hier freie Wahl erlauben,
sonst sieht es aus nach Zwang zu glauben.

DER BEFRIEDETE

Ein Lehrer findet's allerhand,
hört er sich „Lehrkraft" noch genannt.
Denn seit der Stock ruht, lang ist's her,
hat er fast keinen Bizeps mehr,
tut er's seinen Muskeln gleich
und gibt sich vorschriftsmäßig weich.
Nur manchmal, er pflegt's nicht zu zeigen,
da möchte er sich selbst ohrfeigen.

DER QUERULANT

Ein Lehrer schon um acht Uhr wetzt
zum Chef, wo andre er verpetzt.
Um neun schimpft er in der Verwaltung
betreffs der Stundenplangestaltung.
Um zehn legt sich der böse Mann
mit einem der Kollegen an.
Um elf liegt er, jäh hochgefahren,
sich mit den Schülern in den Haaren.
Um zwölf, ihm scheint die Welt zu dumm,
brüllt er mit dem Pedell herum.
Flucht Gott um eins, weil, unerhört,
ein Elternanruf ihn noch stört.
Geht heim und hat mit ganzer Kraft
nichts als die andern nur geschafft.

SCHULE 2000

Ein Lehrer, der zu tadeln wagt
'nen Schüler, kriegt sogleich gesagt,
was er sich überhaupt erlaube,
wen er vor sich zu haben glaube,
ihm fehlten wohl im Schrank die Tassen.
Der Lehrer ruhig, zeigt sich gelassen,
verliert kein bisschen seine Ruh'.
Man schreibt dies seiner Güte zu.
Doch steckt dahinter – oh, welch' Zeit! –
'ne ganze Menge Furchtsamkeit.

OUTSOURCING

Ein Lehrer, nahe dem Infarkt,
sieht Sprachkurse im Supermarkt.
Die bieten nebst Begleitbuch nette
Native-Speaker auf Kassette.
Und zwar für ein paar Euro nur.
In kurzer Zeit lernt auf die Tour
man Englisch, wenn man drauf erpicht
und sprachlich kein zu kleines Licht.
Der Lehrer bangt, dass über Nacht
ihn Aldi überflüssig macht.

DAS VERWALTUNGS-TALENT

Ein Lehrer, tüchtig im Verwalten,
trägt Schulaufgaben, die gehalten,
auf einem großen Formblatt ein,
denn nach der Vorschrift muss das sein.
So hält er fest, wann man sie schrieb,
wie lang man bei der Arbeit blieb,
wann er sie in den Folgewochen
herausgegeben und besprochen,
in Notenbögen eingetragen.
Er gibt die Lösungen zu Fragen,
legt dazu die Notenliste,
auch wenn es eine noch so triste,
vermerkt die Punktzahl, Notenschnitt,
auch wer zu Haus an Bauchweh litt,
setzt darunter wie ein Amen
mutig seinen vollen Namen
und bringt das Ganze mit Pläsier
auf den Weg zum Altpapier.

DER GETRIEBENE

Ein Lehrer achtet nicht auf Rot,
denn er sagt sich: lieber tot,
so wie er auch bei hohem Fieber
zu denken pflegt, ich sterbe lieber,
als mit Verspätung oder rein
gar nicht im Unterricht zu sein.
Des Nachts sieht er sich angstgeschüttelt
von der Befürchtung wachgerüttelt,
dass er noch Noten nachzutragen.
Gibt's bei ihm wirklich keine Klagen?
Hat er, ihn drückt's wie Zentnerlast
nicht doch einen Termin verpasst?
Und fragt man, ob – wie oft erwiesen –
sein Chef mit Vorsicht zu genießen,
dann lächelt schmerzlich er: „Von wegen –
die Kollegen! die Kollegen!"

DER SCHÜLERLIEBLING

Ein Lehrer bleibt verständnisvoll,
tobt seine Klasse auch wie toll.
Ein anderer pfeift auf dies Getue,
verschafft mit starker Hand sich Ruhe
und hat, bei näherer Betrachtung,
weil man was lernt, der Schüler Achtung.
Der Lehrer, stets in tausend Nöten,
gewinnt ihr Herz, doch sein's geht flöten.

DER TEAMFÄHIGE

Ein Lehrer, einer von den alten,
umringt von bärtigen Gestalten,
von Turnschuh- und Pulloverfritzen,
für die er Gegenstand von Witzen,
zahlt dem Geist der Zeit Tribut,
legt Krawatte ab und Hut
und pflegt, als Dienstkleid sozusagen,
Bluejeans und T-Shirts nun zu tragen.
Nur noch zu Hause, wo er's kann,
zieht er sich respektierlich an.
„Schwer ist's", stöhnt er, wenn allein,
„als Lehrer heut ein Herr zu sein."

NATURGESETZ

Ein Lehrer wird vom Konrektor
ermahnt, weil dieser selbst zuvor,
als wär' er schuld, vom Chef vernahm,
des Lehrers Unterricht sei lahm.
Er könnt' um vieles besser sein.
Der Lehrer wäscht sogleich sich rein:
Dies zeige man ihm doch einmal
bei solchem Schülermaterial.
So beißen auch in dieser Runde
den Letzten wieder mal die Hunde.

Unabwendbar

Ein Lehrer weiß, wenn er verschieden,
wird letzte Grüße man entbieten,
ihn förmlich in den Himmel heben,
wie er es nie erfuhr im Leben.
Doch ist's dann für ein Lob zu spät.
Wo bleibt, denkt er, die Pietät,
wenn zungenfertige Gesellen
ihn rühmend nur sich selbst darstellen.

Selbstentfremdung

Ein Lehrer spielt gar viele Rollen:
bei Eltern den Verständnisvollen,
bei Chefs auf allen Ebenen
gekonnt den Untergebenen,
bei Schülern, wenn sie ungezogen,
den motivierten Pädagogen,
den Kollegialen bei Kollegen,
den Biedermann auf allen Wegen.
Wenn er sich selber spielen wollte,
er wüsst' nicht, was er spielen sollte.

FEHLZÜNDUNG

Ein Lehrer kommt sich vor als Star,
die Klasse will ihn noch ein Jahr.
Sie sagt, er habe ihr gelegen.
Was er nicht hört – der Gaudi wegen.

SPITZ AUF KNOPF

Ein Lehrer will es noch mal wissen,
entsagt zu Haus dem Ruhekissen
und macht, obgleich schon biblisch alt,
vor der nächsten Uni halt.
Schreibt sich in seinem Fache ein,
trichtert Stoff in sich hinein,
kommt nach manchem harten Jahr
rein in ein Oberseminar
und schafft's grad noch zu promovieren,
mit Doktortitel sein Grab zu zieren.

DER ARGLOSE

Ein Lehrer hört vom Schüler Wrede
auf sich gemünzt 'ne Abschiedsrede.
Jedoch, was er da kriegt zu hören,
kommt ihm bekannt vor, er könnt' schwören.
Der sagt: „Sie haben Schülerklassen
mit schönen Worten stets entlassen,
was Ihnen heute bleibt verwehrt.
Heut machen wir's mal umgekehrt!"
All dieses führt der Schüler aus
und erntet dabei viel Applaus.
„Wie pflegten Sie doch stets zu sagen:
,Hinaus mit frischem, frohem Wagen,
vor bösen Menschen auf der Hut,
jedoch seid selber immer gut.
Ja, zeigt euch auf des Lebens Pisten
nach Möglichkeit als Optimisten
und hütet euch, es zu vergessen:
Es gibt auch geistige Interessen!'
Und so weiter und so fort,
heut nehmen wir Sie mal beim Wort!"

Der Lehrer, der, so wortgewandt
beim Eintritt in den Ruhestand
so viel Ermunterung erfährt,
er lauscht dem Burschen ganz verklärt.
Gar eitel, mit sich selbst per Sie,
entgeht ihm dessen Ironie.

DER DELEGIERER

Ein Lehrer, Rektor, wünscht sich rege
auffallendere Image-Pflege.
„Wichtig", pflegt er zu betonen,
„sind außerschulische Aktionen.
Es darf praktisch kein Tag vergehen,
ohn' dass wir in der Zeitung stehen!"

Und so helfen mehr und mehr
Schüler bei der Feuerwehr,
beim Roten Kreuz, der Wasserwacht.
Was man in Kunsterziehung macht,
das stellt im großen Bürgerhaus
der zuständige Lehrer aus.
Im Sport ist mancher Schüler Bester,
allseits gerühmt das Schulorchester.
Im Altenheim ist man vor Ort
und so weiter und so fort.

Jedoch ob Schüler, Lehrerschaft,
wer was auch tut mit ganzer Kraft –
Ruhm und Ehre heimst allein
der Lehrer, der am Drücker, ein.
Woran er sich denn auch erbaut,
liegend auf der faulen Haut.

DER UNINTERESSANTE

Ein Lehrer, traurig, muss erleben,
dass Schüler kaum 'nen Gruß ihm geben,
wenn später sie im Leben stehen,
gleichsam durch ihn hindurch nun sehen.

Wobei am meisten ihn betrüben
jene von den Strebertypen,
die einst ihm um den Bart gegangen,
um gute Noten zu erlangen.
Der Lehrer sagt „Hallo", wie's Brauch,
der Mensch, im Stillen: „Ihr mich auch … !"

DER TRÄUMER

Ein Lehrer auf den Lehramtsstufen
fühlt sich zu Höherem berufen,
meint, er müsst' bei seinen Gaben
einen Lehrstuhl innehaben,
den er bald einzunehmen glaubt,
des Sinns für Wirklichkeit beraubt.
Schon sieht in Schülern er Studenten.
Auch wenn sich diese drehen und wenden,
kommt er bei ihnen an mit Sachen,
als wollten sie den Doktor machen.
Nicht lange und in ihm sieht jeder
'nen Don Quichotte hinterm Katheder.

DER BAUCHLADEN-MANN

Ein Lehrer sieht sich täglich wandern
von einer Klasse zu der andern,
ständig zu der Schüler Nutzen
als Vertreter Klinken putzen,
um Lerninhalte anzupreisen,
die sich als Kurzwaren erweisen,
vernehmend, steinernen Gesichts:
„Danke nein, wir brauchen nichts",
da man, was einem Schüler fromme,
heut im Internet bekomme.
Auch habe man, fürs ganze Land,
den TV-Bildungs-Großversand.
Als ihm erzählt die Frau zu Haus,
dass sie 'nen Händler warf hinaus,
dem vergangen sei der Spaß,
da meint er nur: „Wem sagst du das."

Tipps zur Grammatik (Beispielsätze)

Tenses

1. I go to school (every day).
2. He (the pupil) ask<u>s</u> the teacher.
3. Does Janet do her homework? No, she doesn't (do it).
4. Can she translate the lesson?
5. I am watching TV.
6. My brother isn't watching it.
7. I met my friend <u>yesterday</u>.
8. When did you meet him?
9. I have translated the lesson. (It is finished.)
10. I have learned very much <u>this year</u>.
11. I have been working <u>for</u> three hours. (Ich arbeite seit drei Stunden.)
    My brother has been sleeping <u>since</u> eight o'clock. (Mein Bruder schläft seit acht Uhr.)
12. I have <u>never</u> seen him.
13. How long have you been waiting? (Wie lange wartest du schon?)
14. After I had done my homework, I went for a walk. (Nachdem ich meine Hausaufgabe gemacht hatte, ging ich spazieren.)

15. The car is cleaned. (Das Auto
    <u>wird</u> gereinigt.)
    The pupil asks the teacher. –
    The teacher is asked <u>by</u> the pupil.

16. The teacher can <u>be asked</u> (by
    the pupils).

17. Are you helped by your friend?
    = Does your friend help you?

18. I am going to leave the house.
    (Ich habe vor, auszugehen.)
    It's going to rain. (Es fängt an
    zu regnen.)

19. I will give you the money
    tomorrow. (Ich werde dir das Geld
    morgen geben.)

20. I <u>am leaving</u> Germany
    tomorrow.

21. We <u>are</u> laughing.

22. Do you mind <u>my</u> smoking?
    (Macht Ihnen mein Rauchen etwas
    aus? – Macht es Ihnen etwas aus,
    wenn ich rauche?)

23. He is <u>good in</u> swimming.

24. <u>Laughing</u> is good for health.
    I like <u>playing</u> tennis.

25. The asking pupil. (Der fragende
    Schüler.)
    The asked teacher. (Der gefragte
    Lehrer.)

26. Siehe Beispiel 25!

27. I see him coming. (Ich sehe ihn
    kommen = jetzt im Augenblick.)

28. The girl dancing … The girl <u>who</u>
is dancing/dances.
The book given to me was very
interesting. = The book <u>which</u>
was given to me …

29. While listening to the radio, he
read a magazine. = While he
listened to the radio …

30. Learning very much he could
pass the exam. – As he learned
very much, he could …
Asked by the teacher, he began
to speak . – As he was asked
by the teacher, he …

Grundform, auch Infinitiv genannt

31. I can (must, will, shall,
may, might) go.

32. I let you <u>take</u> my bike.
The teacher makes the pupils
<u>leave</u> the classroom. (Der
Lehrer veranlasst die Schüler,
das Klassenzimmer zu verlassen.)

33. I hear him <u>play</u> the piano.

34. My friend <u>invited</u> me <u>to</u> come to
his birthday party.

35. It's <u>good</u> for you <u>to</u> practise this
instrument. It's <u>nice</u> of you <u>to</u>
help me.

36. She was seen <u>to</u> get into the
house.

Steigerung des Adjektivs

1. This house is bigger than ours, that one is the biggest.

2. Martin is cleverer than his brother. His sister is the cleverest of the children.

3. He is more active than I. Martin is the most active boy in the class.

4. This car is more expensive than that one. Our neighbours' car is the most expensive car in the street.

5. good, better, best etc. (siehe auch as … as, not as … as, not so … as)

Das Adverb

1. He writes quickly. (Aber: He quickly writes a letter! Stellung des Adverbs wird verschoben, wenn sich ein Objekt im Satz befindet!)

2. She behaved in a silly way.

3. good – well; hard – hardly etc.

4. He drove the car more / most carefully.

5. Mr. White drives carefully. He is extremely careful.

Indirekte Rede

I – he; we – they; now – then; here – there etc.

Das Substantiv

1. There are a lot of boys.
2. The boy's book was found.
3. The colour of the book was red.
4. The boys' teacher got ill.
5. child – children etc.

Der Satzbau

1. I like SPO.
2. I read a book at home last night.
3. Last night I read a book at home.
4. He has never smoked.
5. I gave him the book.
6. I gave the book to him (not to his brother).
7. He spoke to him.

Bildung von Fragen

Martin	Who made …?
made	What did he do?
a model	What did he make?
in his room	Where did he make it?
in the afternoon	When did he make?

From where do you come? –
Where are you coming from?

If-Sätze

1. If I see him, I will give him the book.
2. If I saw him, I would give him the book.
3. If I had seen him, I would have given him the book.

Tipps zur Grammatik

Um keine Punkte zu verschenken,
muss ich Folgendes bedenken:

Tenses

1. Das <u>Present Tense</u> nehm' immerzu
   ich dann, wenn ständig ich was tu'.
2. Im Präsens Kampf dem Punktverderb:
   bei „he", „she", „it" das s ans Verb!
3. Frag' ich, was „he", „she", „it" denn macht,
   dann nehm' ich „does?", dass keiner lacht.
4. Brauch nicht „do", „does", steht „can", may", must";
   die kriegen auch kein s verpasst.
5. Wenn man im Augenblick was macht,
   ist die Verlaufsform angebracht.
6. Die bleibt von „do" und „does" stets frei,
   hat ja ein Hilfsverb schon dabei.
7. Das <u>Past Tense</u> nehm' ich unverdrossen,
   wenn eine Handlung abgeschlossen.
   Und als Signale merk' ich mir:
   „yesterday",„ago", „last year".
8. „<u>When did …?</u>", so frage ich beflissen,
   will ich vergang'nen Zeitpunkt wissen.

Auch wird das <u>Past Tense</u> stets gewählt,
wenn eine Story man erzählt.
Beim <u>Present Perfect</u> gibt's fünf Sachen,
die mir kein Kopfzerbrechen machen:

9. - <u>Present Perfect</u> wird verwendet,
   beim Vorgang, der gerade beendet.

10. - <u>Present Perfect</u> steht auch dann,
    wenn ein Zeitraum dauert an.
    Als Signale merk' ich mir:
    „today", „this week", „this month", „this year".

11. - <u>Present Perfect</u> immer steht,
    wenn etwas noch vor sich geht.
    Hier stehen „for" und „since" bereit.
    (Im Deutschen Gegenwart mit „seit")
    Auch geht man hier, was ich mir merke,
    mit der Continuous-Form zu Werke.

12. - <u>Present Perfect</u> wir auch haben
    bei bestimmten Zeitangaben.
    „Already", „always" sind zu Gast,
    „ever", „never", „soon" und „just"!

13. - <u>Present Perfect</u> kommt zum Tragen
    stets, wenn mit „How long …?" zu fragen.
    Und auch hier nehm' ich zur Hand,
    die Verlaufsform, mir bekannt.

14. <u>Past Perfect</u>, das weiß jeder Tor,
    kommt immer mit dem <u>Past Tense</u> vor.
    Denn schließlich macht es jedem klar
    den Vorgang, der der frühere war.

15. Das <u>Passiv</u> macht auch kaum Beschwerden,
    nur heißt „to be" statt „sein" hier „werden".
    Das Aktiv-Objekt – eins, zwei, drei –
    wird Passiv-Subjekt, oft folgt „by".

16. Bei Passiv-Nennform, merk' sodann,
    fügt man das „by" nicht immer an.

17. Auch Fragen können im Passiv sein,
    doch setzt man gern hier Aktiv ein.
    Das <u>Futur</u>, was ist dabei,
    hat, wie man weiß, der Formen drei:

18. - Hab ich was vor, ist was im Kommen,
    wird einfach „going to" genommen.

19. - Ist die Zukunft klar, bestimmt,
    man „will" mitsamt der Grundform nimmt.

20. - Die geplante Zukunft narrt
    mit Verlaufsform Gegenwart.

„-ing"-Formen

21. Drei Formen gibt's, das ist ein Ding,
    hat jede doch am Ende „-ing"!
    Spricht so ein „-ing"-Verb vom Verlauf,
    fällt stets uns die „to be"-Form auf.

22. Es hat auch das Gerundium Omen;
    steht's doch nach Possessiv-Pronomen,

23. sowie, als Fürst auf hohem Thron,
    nach Adjektiv, Präposition.

24. Auch hält es, wie man leicht entdeckt,
    im Sub- und Objekt sich versteckt.

25. Die dritte „-ing"-Form, die uns lieb,
    das ist und bleibt das Partizip,
    wobei die „-ing"-Form aktiv streitet
    (die dritte Form im Passiv leidet).

26. Es ist als Adjektiv zu sehen
    und kann nach „sehen", „hören" stehen.
    Um einen Nebensatz zu würzen,
    kann man mit Partizip ihn kürzen.

27. Beim Relativsatz ist der Clou:
    bei Sachen „which", Personen „who";

28. den Nebensatz der Zeit dann auch,
    vor dem „when", „while" und „after" Brauch.

29. Auch der des Grundes ist zu nennen,
    an „as", „because", „since" zu erkennen.
    Die Grundform, <u>Infinitiv</u> genannt,
    geht mit und ohne „to" durchs Land.

30. - Kein „to" zum Beispiel ist vor Ort
    nach dem modalen Hilfszeitwort.

31. - Nach „let" und „make" pflegt's nicht zu stehen,

32. - und nicht nach hören, fühlen, sehen.

33. - nach Verben, die befehlen, bitten,

34. - nach Adjektiven kommt's geschritten.

35. - Wird was gesehen, gefühlt, gehört,
    man auf das „to" vor Grundform schwört.

Steigerung des Adjektivs

1. Denk beim Adjektiv daran,
   dass man es auch steigern kann.
   Einsilbige, welch' simpler Dreh,
   auf „-er" und „-est".

2. Hat's Adjektiv der Silben zwei,
   so spaltet sich die Steigerei.
   Dann gilt „-er" wie „-est"
   nach „-er", „-le", „-y", „-ow".

3. Die anderen Zweisilber dagegen
   mit „more" und „most" zu steigern pflegen.

4. Und „more" und „most" gilt allemal
   auch bei höherer Silbenzahl.

5. Natürlich haben wir auch hier
   manch' Sonderformen im Visier.

Das Adverb

1. Das Adverb, spricht's von Art und Weise,
   geht mit „-ly" auf Reise.
2. Doch findet Zugab' dann nur statt,
   wenn's nicht „-ly" schon hat.
3. An die Sonderformen denken,
   um nicht Punkte zu verschenken!
4. Modaladverbien steigert man
   mit „more" und „most", auch da denk' dran!
5. Das Adverb steht beim Verb vor Ort,
   Beim Eigenschafts- und Umstandswort.

Indirekte Rede

Wird indirekt direkte Red',
so schau, in welcher Zeit sie steht.

Siehst du im Past das Einleitwort,
verschieb' Personen, Zeit und Ort!

Das Substantiv

1. Das Mehrzahl-s steht dicht beim Wort,
   das Genitiv-s rückt man fort.
2. Doch zeig' bei Sachen dich im Bild,
   führ' Genitiv mit „of" im Schild.
3. Nach Mehrzahl-s setzt du, nicht doof,
   bei Genitiv nur Apostroph.
4. Lerne – sei kein Punkte-Mörder! –
   die speziellen Mehrzahl-Wörter!

Der Satzbau

1. Nichts macht mehr den Lehrer froh
   als die Ordnung S-P-O!

2. S-P-O bestimmte Zeit;
   vor ihr macht der Ort sich breit.

3. Die bestimmten Zeitangaben
   kann der Satz auch vor sich haben.

4. Unbestimmte Zeit im Satz
   nimmt nach erstem Hilfsverb Platz.

5. Wenn's um zwei Objekte geht,
   die Person vor Sachen steht.

6. Wenn betont, dann tritt behende
   die Person mit „to" ans Ende.

7. Manche Verben – hör gut zu –
   haben stets vorm Objekt „to".

Bildung von Fragen

1. Subjektfragen machen Spaß:
   bleiben ohne „do" und „does".

2. Halt immer „do", „does", „did" bereit,
   fragst du nach Objekt, Grund, Ort, Zeit.

3. Auch bei Fragen, sonst wär's schad',
   nach des Satzes Prädikat!

4. Oft sucht das Verhältniswort
   hinterm Satz sich einen Ort!

If-Sätze

1. If-Satz Gegenwart, dann nur
   Hauptsatz möglich im Futur.

2. Bringt ein If-Satz Past Tense mit,
   hält Conditional I nur Schritt.

3. Kommt das Past Perfect mit if,
   gibt Conditional II ihm Pfiff.